VERDADES ALTERADAS

Boris Izaguirre

VERDADES ALTERADAS

Rigurosa crónica social

ESPASA

Diseño de cubierta: Juan Pablo Rada
Ilustración de cubierta: Fotograma de la película *La mujer y el monstruo,* por cortesía de Terenci Moix
Foto del autor: Archivo de Espasa Calpe (Manuel Durán)

Depósito legal: M. 45.331-2001
ISBN: 84-239-2544-7

Espasa, en su deseo de mejorar sus publicaciones, agradecerá cualquier sugerencia que los lectores hagan al departamento editorial por correo electrónico: sugerencias@espasa.es

Impreso en España/Printed in Spain
Impresión: Gráficas Marte

Editorial Espasa Calpe, S. A.
Carretera de Irún, km 12,200. 28049 Madrid

A Salvador Garmendia, por las conversaciones
que no terminamos y las telenovelas
que no empezamos

ÍNDICE GENERAL

Prólogo 11

I. Un país, dos fiestas 15
II. Lehendakari P. 41
III. Reina de la Moda 61
IV. Se va, se va, se va, se va 73
V. Mi Oscar en el WC 97
VI. «Holiday» 111
VII. Vacaciones con Victoria 137
VIII. La cuñada noruega 151
IX. Transexual en el gimnasio 165
X. Premios, butacas y películas 179
XI. «I love Terry» 209
XII. ¡Sorpresa! 231
XIII. Mi verdad 243

Agradecimientos 265

PRÓLOGO

En la conocida película *Rashomon,* del director japonés Akira Kurosawa, tres versiones distintas de tres distintos protagonistas intentan arrojar luz sobre un crimen pasional. Incluso el propio muerto reaparece —vía médium— para exponer su verdad. Ninguna coincide y todas luchan por demostrar la inocencia del culpable, la víctima, y, lo más importante, el testigo... y observador, usted mismo, querido lector, que también asiste como parte importante.

Es esta película uno de los exponentes más interesantes en el estudio de la verdad alterada. Pero ¿qué es la verdad alterada? Un sinfín de respuestas. Amalgama, contradicción, imagen y reflejo. Protagonismo y protagonista. Lo que creemos ver y lo que ciertamente no se evidencia. El mundo en que vivimos, en breves palabras.

En el presente libro, Boris Izaguirre, quien permanentemente se desdibuja a sí mismo en su doble faceta de personaje espectáculo y de polemista *alterado* casualmente en la televisión, quiere aproximarse a la confusión reinante a través de su peculiar sentido del humor y del deporte más sincero de la sociedad actual: observar.

Conviene, pues, detenernos un instante en la figura de su autor, antes de entregarnos a la rigurosa crónica social que persigue este interesante e interesado analista de una sociedad, la española, que no le es propia, léase Verdadera, sino adoptada, entiéndase, Alterada. Porque Boris, nombre ruso que viene a significar lo mismo que Juan en nuestra cultura, e Izaguirre, apellido vasco, son en sí mismos una confusión. El escritor, como ya hemos señalado, convive con el *show man,* un juego de palabras que insinúa transculturización y al mismo tiempo una nueva dualidad: show (espectáculo) y *man* (hombre), cuando desde tiempos de la cultura griega el hombre —el ser— está permanente asociado a su *Pathos* —el drama— y, por ende, a su espectáculo.

Continuando, Boris Izaguirre es un hombre sin raíces, sin verdad constreñida, y por eso nos resulta a veces un invento o incluso un gran mentiroso. En muchas de sus entrevistas, el escritor-hombre-espectáculo revela trozos de una vida imposible. Hijo de intelectuales izquierdistas en una nación tercermundista, Venezuela, él prefiere orientar sus tendencias ideológicas hacia la revista *¡Hola!,* Hollywood, el Topo Gigio, el pop y otra serie de elementos que carecen de peso específico y que se nutren de saturadas atmósferas abstractas. Con esta jugada, Izaguirre consigue parapetar su personaje en una sociedad que se cree seria, pero que en realidad es bufa. Una sociedad que sólo persigue la risa, y a veces la mueca, para esconder su vertiginosa confusión, o, una vez más, su alteración. Por este motivo, Izaguirre incurre frecuentemente en el difícil juego de la verdad y la mentira. Se declara homosexual con pasmosa tranquilidad e infinita cotidianidad, para casi de inmediato acariciar a las más representativas féminas en el panorama libidinoso del país que ha adoptado. ¿Intimidación al español heterosexual de toda la vida o simple verdad alterada? Al acabar este libro, el lector hallará una cónsona respuesta. En otras ocasiones, Izaguirre se desnuda delante de cientos de miles de espectadores españoles (país fuertemente vinculado a la religión católica, donde el desnudo es abominación y delirio absoluto) para momentos después aparecer en una recepción dada al Príncipe de Gales (segundo exponente máximo de una religión, la protestante, antagónica a la católica). En la dicha recepción, Izaguirre —según sus propias palabras— discute con el Príncipe Carlos sobre la naturaleza del programa televisivo donde actúa; no olvidemos que el Príncipe ha protagonizado y sigue protagonizando una de las historias de amor sin duda más difíciles, irreales y alteradas del siglo XX. Es decir, el hombre-espectáculo, surgido en la democracia de un país católico, conversa sobre un medio nuevo, la televisión, con el representante de una monarquía anciana, de apariencia inalterable, pero que se ha visto obligada a modificarse gracias a la presión de medios influyentes, democráticos, exagerados y artificiales de los que Izaguirre es estrella, orador y auténtica creación.

El permanente juego de personalidades a las que nos somete Izaguirre es un móvil de Calder flotando sobre nuestras cabezas en una noche de tormenta. El mismo personaje que se dedica a analizar la ilógica inherente al mundo capcioso de la fama, no puede evitar entregarse en cuerpo, y seguramente en alma, a ese mismo mosaico; un mosaico, el de la fama, en permanente alteración y yuxtaposición de antiguas y recién llegadas figuras, todas luchando por un instante o una vida de protagonismo. Por ello, asumiendo que ha sido un nuevo golpe de efecto antes que una verdad demoledora, Izaguirre adopta la palabra *momento* como parte esencial de su personalidad abstracta, falsa y, por encima de todo, mordaz. Porque la vida ya no es un hecho, una carrera, la persecución de un ideal o la lucha por una creencia, léase, la verdad, sino la acumulación de múltiples verdades, instantes o flashes que poseen el nuevo don de perdurar en nuestro consciente y subconsciente mucho más tiempo que las profundas ideologías de antaño.

Para terminar, una pequeña pista sobre lo que nos espera en las siguientes páginas: no somos nada; no supimos lo que fuimos; no sabremos lo que vendrá.

FABIÁN ERRAZURIZ
Catedrático de literatura disociada
de la Universidad de South Dakota,
Dakota, ESTADOS UNIDOS

Crónica uno

Un país, dos fiestas

El triunfo de la mayoría absoluta marca el inicio de la verdad alterada

Suena el teléfono. Domingo 12 de marzo. Elecciones generales de 2000. Una voz cálida, inusualmente inquieta.

—Boris, soy Elena, ¿has ido a votar?

—Todavía no puedo, aún no soy español.

—Qué pena, con lo importante que sería tu voto —sentencia Elena Benarroch, una de las pocas personas que a finales del siglo XX y en Madrid consiguió rescatar la idea del salón como centro de opinión; un lugar de encuentro que generalmente asociamos a otros siglos menos materialistas y más vírgenes en dogmas y fe.

—Tienes que venir a casa —continúa con su voz cadenciosa—. Estaremos viendo los resultados. Quiero que conozcas al director de Bottega Venetta, que está pasando unos días aquí. Te esperamos, nos morimos por saber lo que piensas.

Elena Benarroch jamás se definiría a sí misma como una «anfitriona del poder». Le horrorizaría. En más de una entrevista ella ha utilizado la palabra «tendera» para referirse a su oficio de peletera famosísima y poseedora de una tienda de prendas de primerísimas firmas en una avenida muy prestigiosa de Madrid, bautizada, por cierto, con el nombre del ilustre literato y académico Ortega y Gasset. Pero durante los últimos años, el «anfitrionaje» de Benarroch ha cobrado un impulso vehemente en los diarios de España.

Pese a lo que se pueda creer, el Salón, es decir, la casa y las fiestas de Elena Benarroch, nada tienen que ver con adquirir posiciones. A él están fuertemente vinculados Pedro Almodóvar y su universo: actrices y amigos, que van desde el diseñador de modas Jean Paul Gaultier hasta una de sus chicas favoritas, Bibi Andersen, una de las pocas personas que ha conseguido ser eso que el *glamour* persigue como verdad: llegar a ser lo que siempre se deseó ser. Pero también Guillermo Cabrera Infante, el escritor cubano que mejor ha entendido el lesbianismo de Greta Garbo y Mercedes de Acosta. Junto a la galaxia Almodóvar, de la que no podemos olvidar a la misma Chavela Vargas, que generalmente se hospeda en la casa de Elena, esta anfitriona mantiene viva la llama de su Olimpo social mezclando iconos como Isabel Preysler con recién llegados como quien esto escribe, o archienemigos reconocidos de la señora Preysler tales como la escritora Maruja Torres; productores de cine como Andrés Vicente Gómez, a quien debemos lo mejor y lo peor de la industria cinematográfica española; Félix Sabroso y Dunya Ayaso, representantes jóvenes del cine patrio post-Almodóvar; cantantes como Víctor Manuel y Ana Belén, al mismo tiempo que leyendas del espectáculo como Concha Velasco, conocida en muchos países hispanoamericanos por ser la Chica Yeyé gracias a la canción del mismo nombre, o Lina Morgan, fanática de las creaciones en piel y otras prendas Benarroch. Sin dejar de mencionar en esta variable lista de invitados a la misteriosa diputada Carmen Romero y a su propio marido, Felipe González, que si bien vio agonizar su Gobierno entre acusaciones de corrupción y crímenes no esclarecidos, nunca ha perdido esa aureola suya de presidente europeo nacido en Andalucía. Y, por supuesto, la nieta del Caudillo, Carmen Martínez-Bordiú.

El baile de nombres célebres puede ser mareante. No en balde, los enemigos de Elena y de sus fiestas han llegado a señalarla como una «coleccionista de celebridades». Sin embargo, quienes hemos disfrutado de su entorno preferimos verla como la quintaesencia de un *mover and shaker,* ese tipo de anfitrión que no sólo recibe, sino que mezcla y agita.

Su influencia social es extensa y eso lo certifica el hecho de que en los últimos años otras anfitrionas enfrentadas a Elena imitan sus listas de invitados.

En este mosaico de poder, *glamour* y entretenimiento, Benarroch agrega un espacio distendido, frívolo o verdaderamente sociológico; una comida excepcional, donde se mezclan pastas suaves, huevos fritos o un cous cous que habría hecho pensar dos veces a Isabel la Católica sobre la expulsión de los moros y los judíos.

Todos, absolutamente, tienen como marco de referencia una amistad de más de veinte años con la anfitriona; pero, además, tienen una clara tendencia ideológica socialista, fruto de la herencia que grandes pensadores del siglo XX dejaran en la generación a la que pertenecen Benarroch y sus invitados. El tipo de personas que observaron el mayo francés del 68, leyeron a Semprún de arriba a abajo, descubrieron a Buñuel y de pronto vieron con divina curiosidad que Chanel era amiga íntima de Visconti y al mismo tiempo se dejaba seducir por un general nazi durante la ocupación francesa. Una generación que ha conocido el éxito después de la transición española, sin abandonar sus raíces ideológicas; que atravesó con brío y risas los años del socialismo español, desde 1982 hasta 1996, descubriendo talentos, quebrando tabúes y cimentando la modernidad de una nación que justamente presume de ser la más moderna del viejo continente. Una generación que también conoció el yugo de los *ismos* para definirse: posmodernismo, por ejemplo, o ese largo sociaLISMO que, una de las asiduas de las fiestas Benarroch, la actriz Loles León, pronuncia eternizando las últimas cinco letras, igual que lo hiciera Salvador Dalí al referirse al surrea-LISMO.

Mientras voy a mi gimnasio (una actividad propia del homosexual de treinta y tantos que desea parecer joven y sexy ante el milenio que se nos viene encima) miro a los matrimonios votantes, a los solteros que sostienen las gordas ediciones de los periódicos del día, a mujeres solas con estupendos bolsos y falso pelo rubio, a pre-veinteañeras con aspecto de diseñadoras de páginas web o a dos ancianos aún con abrigo de invierno. Recuerdo cómo me decían que durante los cuarenta años de la dictadura franquista el gris fue el único color en el vestir de los españoles. Ayer, marzo de 2000, todos llevaban el mismo gris, pero acaso en telas más ligeras con un débil toque de rosado allí o un débil toque de naranja allá.

De camino a casa de Elena, mi novio me pide opinión al encontrarme tan ensimismado.

—Bueno, Rubén, creo que toda esta gente ha votado al Partido Popular.

—¿Lo dices por la ropa que llevan? Mira, lo único que dejó claro el socialismo en este país es que te tienes que vestir de Armani, o si no, la vida no te trata bien —dice alguien que pasa a nuestro lado.

En un día de elecciones todos tienen algo que decir. Y todas las conversaciones son escuchadas. Intento explicar al anónimo paseante que para mí el vestuario es una extensión, la única quizá, de tu alma. Quiero concluir que los españoles son, por naturaleza y convicción, profundamente convencionales.

—Pero, señor Izaguirre, si le hemos recibido con los brazos abiertos, con sus improperios y sus posturitas, ¿cómo se come eso de que somos convencionales? —responde el caballero—. Así que, le moleste o no, yo he vuelto a votar por el señor Aznar y su Gobierno. Porque lo están haciendo muy bien. Mire cómo vivimos, si hasta lo tenemos a usted en la televisión todas las noches.

—Claro, claro —afirmo con una media sonrisa alejándome junto a mi novio.

—Parece que le has dado la razón —critica mi novio—. Vaya racista facha.

—¿Qué más da, Rubén? Es más importante lo otro —digo.

—¿Qué es lo otro?

—La fiesta de Elena, para ver los resultados.

—Empiezo a convencerme de que más que una fiesta..., ¡Dios!, será un funeral.

Llegamos por fin al piso de Benarroch ese domingo de marzo de 2000. Observo la hora, 9,30 p.m., y la señora del servicio de toda la vida me recibe con unos ojos preocupantes: «Nadie está comiendo, Boris».

Alcanzo a observar una figura delgada, triste, acercando su humanidad a las paredes del pasillo: Ana Belén, la magnífica cantante-actriz, militante discreta, más de una vez etiquetada como musa del socialismo. En esta ocasión, en este pasillo, parece una mujer molesta, moviéndose como una pantera agotada por su encierro. «Creo que hemos llegado tarde —digo—. ¿Han perdido los socialistas en Andalucía?»

Me arrepiento de mi desfachatez, pero es que nunca he entendido cómo en Andalucía pueden convivir la Virgen del Rocío y tantos gobiernos socialistas. Ana Belén no me riñe; al contrario, toma mis manos y abre sus inmensos ojos para hablar con una voz queda, de seductora maternidad.

—Boris, van a ser ocho años perdidos de mi vida, de mi carrera, de mis afectos, que son lo único que tengo.

—Pero aún no han terminado de escrutar en Andalucía —me permito insistir—. Y a lo mejor Navarra da una sorpresa —agrego, calibrando el estado desapacible de la reunión.

No hay espacio para los chistes. Todo el mundo está de pie, nadie se sienta en los grandes sofás tapizados en un tono Sahara. Ana Belén echa hacia atrás su hermoso rostro, estira ese cuello maravilloso, mitad historia cinematográfica de la España moderna, mitad músculo de una generación que creyó en la protesta y en artes contemporáneos como el diseño de moda. «¡Hemos destruido nuestro propio sueño!», sentencia y me preocupo. Esto es mucho peor de lo que podía imaginar.

Víctor Manuel, el marido galante, el amigo perfecto, aparece para ofrecer el brazo a su esposa. Al final del pasillo, Miguel Bosé se mueve inquieto.

Una gran pantalla, en la que en más de una ocasión se ha proyectado *Sonrisas y lágrimas* para ilusión y goce de Terenci Moix, muestra esta vez un sobrio mapa de España; un mapa azul catódico repleto de múltiples lucecitas que van encendiéndose al mismo tiempo que una voz sobria y monótona recita provincias y votos recontados. A la derecha de esa pantalla se encuentra José Barrionuevo, el ministro socialista que ha estado encarcelado junto al antiguo director general de la policía, Rafael Vera, encausado por su implicación en los fallidos secuestros de un grupo paramilitar constituido durante el gobierno socialista. De hecho, veo al ex ministro y comprendo perfectamente las palabras de Ana Belén: si el sueño socialista va a terminar en esta noche, los culpables y los inocentes no podían estar mejor reunidos.

Andrés Vicente Gómez, el productor cinematográfico, se acerca a nosotros y nos extiende la mano con una sonrisa encantadora.

—Qué bien que estéis aquí —dice, y no puedo evitar pensar que un productor cinematográfico es alguien con amigos en todas partes. El marido de Concha Velasco, Paco Marsó, se mantiene cerca de él; siendo un productor teatral, con una suerte próxima al éxito de su esposa, parece más cabizbajo.

—Será una noche larga —afirma. Y queda así descrita la diferencia entre el teatro y el cine.

Un hombre cortés, el único que sostiene una copa de cava, se presenta a sí mismo como el director general de Bottega Venetta. Benarroch, presurosa, nos vuelve a presentar y hago unos breves elogios sobre la firma que dirige.

—He llamado a Italia y me han dicho que la victoria del Gobierno será aplastante —me dice el director general.

—Ya. ¿Pertenece usted a alguna de las alianzas nacionalistas de su país? —pregunto.

—En Italia nos da igual quién esté en el poder. Llevamos años cambiando de Gobierno cada seis meses y nos va muy bien —responde, con una amplia sonrisa—. Le dejaré mi tarjeta para cuando pase por cualquiera de nuestras tiendas. He visto que sus zapatos son de nuestra firma. Le molestaría sujetar esta copa. Alguien me la dio al entrar, seguramente para no sostenerla cuando den los resultados y no quedar fuera de lugar.

—¡No se oye nada en la televisión! —exclama Loles León que, en su condición de actriz y amiga de la casa, posee el don de la coherencia. Estamos allí reunidos por el destino, por las vinculaciones al socialismo o por el sencillo afecto hacia la anfitriona, para atender a los resultados de una jornada electoral.

El control remoto de la televisión no aparece por ninguna parte. Loles vuelve a exclamar ante la ausencia de sonido. El resultado es similar al de esas cenas con muchas personas y comandas donde el camarero llega y nadie le presta atención.

—El volumen, ¡coño! Pudiéramos estar ganando y no nos vamos a enterar —espeta, rotunda, Loles.

Y surte efecto. Se descubre que el mando ha estado, toda la noche, en poder de... Barrionuevo. Alguien se estremece a mi lado —Dios mío, Boris, quítaselo—. No alcanzo a discernir quién ha realizado la petición, pero descubro que es harto difícil recobrar el aparato. Los grandes dedos del ex ministro, de apretados, lo estrangulan. Se me ocurre pensar que el poder efectúa esos tics en quienes lo conocieron. Un mando, aunque sea de televisor, no deja de ser un instrumento de poder. «Ministro —me atrevo a decir—, por favor, denos más volumen. No escuchamos los recuentos.»

Se crea un frío silencio en el elegante salón. Un camarero me mira con orgullo, y al mismo tiempo, temor. Pienso en lo importantes que se vuelven unas elecciones democráticas, cuando así lo deseas. Hace muchos años, en plena adolescencia, me daba igual quién ganara en mi país, Venezuela. Ahora tengo treinta y tres y estoy delante de un ministro, que en realidad es ex, que ha estado en la cárcel, que ha salido libre y que sostiene el mando de una televisión gigante sin volumen.

—¿Está preparado para escuchar lo que dirán? —pregunta el ex sin decidirse a pulsar.

—Por favor, José, que estamos aquí para eso —interviene, al fin, su esposa.

—¿Puedo preguntarle, Izaguirre —dice el ministro— por qué sostiene esa copa de cava?

No hay necesidad de respuesta, a pesar de que la copa permanece en mi mano. El volumen sube. Ana Belén se aparta a un salón contiguo. Bosé se sienta a mi lado. El productor cinematográfico y el teatral discuten un servicio de reparación de aires acondicionados. Loles parpadea, como si se arreglara una lentilla ante la historia. El camarero cubre la fuente de huevos rotos que nadie ha probado.

La televisión promulga: «A escasos minutos de las diez de la noche, el recuento final de los votos arroja en las siguientes comunidades autónomas y provincias estos resultados...».

Un silencio aterrador cruza no ya el espacio, sino los rostros congregados. Me doy cuenta de algo.

—¡Dios, estáis viendo Antena Tres!

—¿Y eso qué mas da? —reclama el ex ministro.

—Que, si me permite, ministro, si vamos a escuchar la verdad, prefiero hacerlo a través de la auténtica televisión del Estado, la que pagamos los contribuyentes. Es como el Fin de Año y el discurso del rey: si no los ves en Televisión Española, incluso puede traer mala suerte.

La esposa de Barrionuevo se abalanza sobre el mando y se lo arrebata de un valiente tirón. Pulsa el 1 y tenemos —tranquilidad total— la imagen de Ana Blanco, la voz inalterable y el peinado ídem de las noticias en la televisión pública: «En breves minutos podremos ofrecerles los resultados finales de esta larga noche electoral. Ahora conectaremos con nuestros compañeros en las dependencias de la sede del Partido Socialista Obrero Español (PSOE) en Madrid».

Y la imagen que reproduce la cadena pública, fuertemente vinculada al Gobierno de turno, es idéntica a la que vivo en el salón de Benarroch: dos imágenes yuxtapuestas de la misma realidad; una atrapada en cuatro paredes, otra en cientos de líneas de luz. Y en ambas, un grupo de personas más o menos parecidas en edad y aspecto se detienen delante de una gran pantalla que reproduce el titilante mapa de un país con pocos años de democracia y bastantes siglos de existencia.

Entre los detenidos frente a la pantalla desproporcionada comienzan a surgir disidencias. El productor cinematográfico parece unirse al grupo expectante justo cuando la voz monocorde de Ana Blanco anuncia nuevos escaños para el Partido Popular desde la provincia de Cáceres. El productor cinematográfico esboza una sonrisa, a la nada, sin ideología alguna, con ese simple gesto que se ha hecho automático en su rostro. Y uno de los invitados, de quien me reservo el nombre por tratarse de un actor, sale disparado hacia la enorme cocina del piso. Lo sigo. En esta estancia de la casa Benarroch es frecuente encontrar un «salón alternativo» al que he descrito antes. A veces se reúnen allí las personas más jóvenes de la fiesta; en casos como éste, allí van los que no pueden contener la ira o los nervios.

—Es un chaquetero —exclama el actor sin nombre—. ¡Y no lo puedo soportar!

—Creo que nada de esto es bueno para tu carrera —promulga un representante de actores, con alarma en el rostro—. Pensaba que iba a ser otra de esas fiestas maravillosas de Elena. ¡Qué mierda lo del PP! —culmina el representante.

—Mierda es estar en la misma habitación con ese chaquetero.

—Pero ¿por qué te ha dado ahora por manifestarte contra las tendencias políticas de nadie? —insiste el manager, acercando un vaso de agua a su cliente. El actor lo arroja al suelo.

—Tienes que respirar hondo. ¿Dónde has oído tú que un productor de cine tenga que serle fiel a un partido político? Estamos en España y es un país loco, pero tampoco tanto. Venga: bébete el agua, respira hondo y piensa en todas las películas divinas que harás para esas hijas de la nueva derecha que te adoran.

—¡No entiendes que mis abuelos fueron republicanos, joder!

—Y eso te dio un *background* tremendo para ese papel de maqui que bordaste. Pero ahora es otra cosa. Viene una etapa de comedietas juveniles y tienes que estar en todas ellas. Respira hondo, y ¡por Dios!... disfruta de esos huevos rotos que nadie come.

Mi novio se desliza a mi lado.

—Podríamos aprovechar e irnos...

—¿Y desaprovechar el momento histórico? —acentúo.

—¿Qué demonios haces con esa copa en la mano? —interroga mi novio.

—Aferrado a una esperanza —respondo.

Vuelvo al salón. Las personas crecen en número y en participación verbal. Bosé se retira. Ana Belén se encierra en el extenso marrón de su atuendo. Víctor Manuel, elegante, me ofrece su mano en señal de solidaridad. El director general de Bottega Venetta avanza solo por el pasillo hacia la puerta y nadie se preocupa por su ausencia. Ana Blanco, de quien se murmuran maldiciones, vuelve a anunciar nuevos escaños para el Partido Popular y más luces parpadean sobre la España reconquistada. El mando vuela por los aires, aterriza en mi mano y quiebra la fatídica copa de cava. «¡Joder —dice mi novio—, siempre dando el cante!»

Un hombre mayor se ha plantado delante del ex ministro y le aprieta con sus dedos las solapas de la americana.

—Aquí estamos personas que sí creímos en el socialismo, señor. Personas que pusimos nuestras carnes, nuestras mentes y nuestros ahorros en el proyecto de un país socialista y líder y europeo.

—Cálmate, Ramón. Mejor volvamos a casa —expone su señora, vestida de negro.

—No. No me voy. ¿Es que no siente nadie el mismo dolor? Estamos aceptando una derrota humillante y nos quedamos tranquilos. ¿Por qué? ¿Porque ya tenemos las casas que queríamos? ¿Porque tenemos el plato de comida? ¿Porque hemos hecho las películas que deseábamos? No, no hemos logrado nada. No hemos logrado cambiar nuestro destino. Creernos las cosas, pensar que ganar es fácil y que lo ganado no lo pierdes nunca... ese ha sido el error; ese pensamiento es lo que ha marcado a la «izquierda», a esa puta y demoniaca izquierda intelectual. Creerse superior.

Se instaura el silencio. Acompañados por Félix y Dunya, mi novio y yo decidimos servirnos un poco de huevos rotos.

—¡Tan Lucio, este plato!, ¿verdad? —dice Dunya.

—Cariño, y tan superviviente —acompaño.

Loles nos observa y se acerca a tomar un poco de salmón. Regresa la voz de Ana Blanco y anuncia más de dos centenares de escaños para el Partido Popular en ese momento de votos recontados.

—Apagadlo ya, por Dios. No os dais cuenta de que no tiene ningún sentido —grita la esposa del hombre moral. Voy solícito con el mando, cuando Barrionuevo emprende toda su humanidad hacia la pantalla.

—Está hablando Almunia —dice, refiriéndose a Joaquín, entonces candidato presidencial y presidente del Partido Socialista Obrero Español. De nuevo los derrotados se reúnen en torno a la pantalla. Hay una ligera brisa, bien de la calle o de las respiraciones entrecortadas. Los miro, profesionales de éxito, figuras emblemáticas de un país y, sin duda, de una época en que España se sintió como habían explicado las palabras del señor mayor: socialista, líder y europea. Almunia habla pausado y acepta la enormidad de un fracaso que sobrepasaba todas sus expectativas. Él mismo se reconoce insuficiente como líder y arroja su renuncia a la presidencia de su partido: última carcajada de azufre sobre los invitados de Benarroch.

Silencio total y una reflexión: todo sueño lleva inscrito su final. Ana Belén toma su bolso, aparta una lágrima y dignísima avanza hacia la puerta. Su marido la sigue. Nadie se atreve a proferir una despedida. La retirada de los grandes. Mañana será otro día. En la pantalla se ve el balcón de la sede del partido del Gobierno como si fuera un miniestadio, repleto de luces y centelleos. Los protagonistas del triunfo emergen y saludan victoriosos a sus votantes. Al tiempo, el presidente de la mayoría absoluta aparece de la mano de su esposa, enteramente vestida de blanco, como una Lancelot viviente.

Intento decir algo. Los camareros retiran los huevos rotos. El salmón no: el productor teatral toma un poco. Alguien le dice a Benarroch que los españoles se toman las cosas demasiado a pecho y que ha sido una fiesta divina.

Cuando la puerta se abre, se escuchan consignas de triunfo desde la sede del Partido Popular, a escasos metros de la casa donde el socialismo pierde el penúltimo tren.

Regreso un momento a la cocina. Allí continúan el actor sin nombre y el representante. Ambos comen rollitos de salmón: «Llevas tres. A partir del tercero, el salmón empieza a repetir», dice el representante.

El 7 de julio de 2001, Raphael, el cantante, el mito, el padre de todos los que hemos descubierto el histrionismo como comunicación, casa a su hija Alejandra, en una boda, parafraseando al *¡Hola!*, «de campanillas reales». En este año y medio transcurrido desde la fiesta anterior a ésta, la mayoría absoluta ha conocido los primeros reveses y ha tenido lugar la derrota electoral en el conflictivo País Vasco con un líder propio, el señor Mayor Oreja, que había abandonado el Ministerio del Interior para ser lehendakari. En ese mismo año y medio, quien esto escribe y el ministro-candidato han compartido el sobrenatural honor de estar entre los veinte hombres mejor vestidos del país. Mayor Oreja en el puesto decimoquinto y servidor en el decimosexto. Una diferencia tan sólo de un punto para dos hombres separados por la edad, por el cargo (ministro aspirante a lehendakari, showman aspirante al Premio Planeta) y aparentemente por las ideologías.

En ese mismo año y medio, insisto, Raphael, el padre de la novia, ha conquistado exitosamente los escenarios españoles con su versión de *Dr. Jeckill y Mr. Hyde* y ha despertado nuevamente la incertidumbre sobre nosotros mismos. Cuando amamos, ¿somos el doctor Jeckill? Cuando odiamos, vengativos, ¿asumimos a Mr. Hyde? Para los ortodoxos de la izquierda, Raphael es el niño prodigio de los regímenes. Para los que abandonamos los compromisos ideológicos, es el mito capaz de volverse más *kistch*. Pero más allá de divisiones, su musical convierte al doctor y al monstruo en una reflexión sobre las hipocresías de la sociedad victoriana que tanto se parecen a las que suceden en la España católica y conservadora de este largo fin de siglo XX. Lo maravilloso y lo alterado es que sea Raphael precisamente quien acentúe este hecho; y quien en la boda de su hija logre reunir a los variados *jeckills* y *hydes* de la nación *¡Hola!*

Los primeros en llegar, Lucía Bosé y servidor. En un breve intercambio con la prensa allí congregada, descubrimos nuestra exagerada puntualidad y no puedo pensar que hemos creado un nuevo tipo de sigla numerológica. Día 7 del mes 7 a las 7 de la tarde. Desde luego no es horario lógico para ninguna boda. Asumo, pues, mi equivocación, al tiempo que descubro una cinta que denota visitas de alto rango. Una vez dentro, sorprendemos a miembros de la familia aún organizando detalles. La casa es de orientación Barragán, el célebre arquitecto mexicano que cautiva seguidores, una vez superada la posmodernidad de los ochenta. Bajo la luz de primeros de julio, la casa aparece como una inmensa nave espacial con matices de gruta lunar. El hogar de Raphael: hormigón y cristal templadísimo, un universo sin parangón.

Poco a poco, la boda recibe a sus invitados. De pronto, un joven de veintiséis años, bien trajeado, con simpatía desbordante se aproxima.

—¡Boris, divino! ¡Qué Momento Boda! —imitando el estridente grito guerrero que me ha hecho famoso. Me dejo llevar por su entusiasmo—. Soy el agregado de prensa del presidente del Partido Popular en el País Vasco —explica este joven encantador.

«Pena —pienso—: por su simpatía creía que era más bien relaciones publicas de la discográfica de Raphael.» El presidente del Partido Popular del País Vasco se persona de inmediato y estrecha mi mano con esa fuerza de los políticos cuando ven niños o comunicadores de televisión. Viéndole tan cerca siento deseos de hacerle esa típica pregunta maleducada, «¿Qué hace usted aquí?», pero me doy cuenta de que en verdad habría que hacérsela al propio Raphael: ¿por qué este presidente del Partido Popular y no el de Valencia?, por poner un ejemplo descontrolado. Sin embargo, el político aferra mi mano con simpatía y llega a preguntarme por Galindo. Galindo, mi compañero de trabajo, sufre el infortunio de llamarse igual que uno de los implicados en el caso de lucha antiterrorista que ha partido la historia democrática de este país en dos.

—El señor Galindo está divinamente —respondo, cuando en realidad deseo preguntarle qué puede impulsar a un Ministro de Interior a convertirse en lehendakari y si no está de acuerdo conmigo en que a todas luces resulta una contradicción, o para ser más francos, una profunda verdad alterada. Aunque en realidad, lo que querría es formular otra cuestión acaso más importante: si puede él aclararme qué es lo que hace el ex ministro para estar en el puesto decimoquinto de los mejor vestidos y yo en el decimosexto.

Pero nada de esto ocurre porque se abren las puertas de la casa sideral y aparecen Raphael, de frac, y su hija, de novia. Alaska, la cantante que me enseñó a amar a este hombre, y su marido luchan por reprimir el aplauso. Yo también. La marcha nupcial invade el jardín y las entretelas de nuestros trajes de verano. El pelo de Raphael no puede evitar cobrar vida propia y dejarse llevar por los violines y los trombones. Así avanza el más grande de los showman de América y España, para deleite y recuperada sorpresa de los presentes. «Tómate una vitamina —dice mi novio—. La necesitarás.»

Empieza la boda y me entretengo observando el grupo de iconos religiosos y catódicos del *Spanish entertainment*. Alguien, seguramente de la prensa, pregunta si casar a la novia en su propia casa está permitido. Rápidamente le explican que la madre de la novia, la respetada y queridísima Natalia Figueroa, ha dicho que es una cuestión aleatoria y que depende exclusivamente del cura. El oficiante invita a los nuevos cónyuges a reproducirse, subrayando varias veces la importancia que esto tiene para la Iglesia y, sin duda, para el depauperado índice de natalidad de una de las naciones más importantes del catolicismo. Una vez cursados los votos de obediencia, que siempre me emocionan, el mismo cura se coloca delante de la Biblia abierta, cual tabla de los Diez Mandamientos, y alza sus brazos como Charlton Heston en el papel de Moisés. Me estremezco mientras una sigilosa, sedosa y estampada Marta Chávarri, sobrina adorada de la casa y de la revista *¡Hola!*, se acerca para decirme casi al oído que la misa es larguísima, que no puede con sus tacones y que en realidad no le gustan los curas: ni éste, ni ninguno. Llega entonces la comunión y el nutrido grupo de iconos del espectáculo se levantan con Lina Morgan a la cabeza. La duquesa de Franco, hija del Generalísimo, espera paciente con los demás hasta encontrarse con una desagradable sorpresa: que el número de hostias no coincidía con el de los fieles. Me doy cuenta, una vez más, de que soy el único pendiente de tan inusitado hecho. Empiezo a temer lo peor, pero la duquesa de Franco acepta la voluntad del Señor con dignidad, así que gira sus talones para regresar a su puesto, sin hostia, sin comunión, y como si nada estuviera pasando. Pienso, aliviado, que la democracia, en el fondo, ofrece estas libertades.

Empieza la fiesta y se abre un sushi bar en pleno jardín, mientras los novios se acomodan para ese ritual de saludos que en España se llama besamanos; algo que considero grotesco, porque debe de tener un origen medieval, asociado sin duda a las bodas, o incluso renacentista, más proclive al regreso de los conquistadores con sus indios y tigres de regalo. Hoy en día, igual sirve para denostar una boda, como para aupar el delirio de grandeza de quien lo recibe. Por eso lo encuentro innecesario y afectado en cualquier sentido.

Hincado en el sushi, de nuevo acompañado por el simpático gestor de la prensa del Partido Popular vasco, observo dos importantes llegadas: Rocío Jurado con su marido, el torero Ortega Cano, y el presidente del Gobierno —bigote en ristre— y su esposa, la Primera Dama.

Tengo miedo a encontrarme con la gran folclórica andaluza, en parte porque comparto con ella su molestia ante la caricatura que le hacemos en *Crónicas marcianas.* «Es curioso —comenta el asesor de comunicaciones—, si incluso tú a veces haces caricatura de ti mismo.»

La ternura con que lo dice no sé si es peor que la propia frase. Intento defenderme con eso de que la Derecha prefiere verme como un personaje inventado antes que como alguien real que procura contar cosas reales entre sonrisas. Luego reflexiono y concluyo que en el fondo es verdad: no existe nadie en el mundo del espectáculo que no pueda evitar transformarse o recurrir a su propia caricaturización. Muchas veces se ha dicho lo mismo del padre de la novia. La diferencia está en que algunos sabemos sobrellevar dicha caricatura con humor. Otros, como en el caso de la señora Jurado, no.

—Ven, acá, mal hombre, que vas a oír unas cuantas verdades —escucho la solemne voz, mucho más fuerte, nítida y quebrantahuesos que la del cura que ha oficiado la boda.

Voy hacia ella con andar de fan: ese minué especial que tenemos los mariquitas mitómanos (que más adelante se explicará si verdaderamente decir algo así es caer en una simple redundancia). Lo que sigue son cuarenta y cinco minutos de una bronca que a ratos me recuerda a mi profesora de Moral y Cívica en el instituto cuando me negaba a entender el porqué de los impuestos.

—Pero tú lo que tienes que recordar —me dice la gran intérprete, la extraordinaria artista continental— es que a mariquita, lo que se llama mariquita, tú a mí no me ganas. ¡Yo, soy la mariquita más grande del mundo!

Y, de verdad, me quedo impresionado. Vestida con una fantasía de organza en blanco y negro y con imponentes joyas, Rocío Jurado es la Virgen de Regla y un poco Zsa Zsa Gabor; un tipo de mujer infinita e indefinible en los contextos aburridos del buen gusto.

—Entiendo que esté molesta por el personaje que hacemos de usted en el programa —intento remediar— pero me gustaría que también entendiera que a nuestro público ese personaje le resulta entusiasmante.

—Os burláis de mí —exclama—. Yo nunca me he burlado de nadie en mi vida. En todos mis años de carrera no he sido otra cosa que buena compañera.

—Nadie lo duda…

—En cambio, vosotros me ponéis un clavel... en el coño —dice, enfatizando la palabra; como si el taco representara toda la vulgaridad que ella desea inferir al programa *Crónicas marcianas*. Estoy de acuerdo: un clavel en el pubis de un ídolo patrio es provocación, pero también un cálido homenaje al surrealismo daliniano y nacional. Y con mucho respeto, porque no es lo mismo tirarte un clavel que sembrarlo en el vello púbico, y más que todo: en ese vello y en ese pubis.

—¡Y yo te quería a ti, porque tú sabes lo de aquí con la gracia de allí! —prosigue la intérprete.

Y, de pronto, como sucede en el escenario cuando acomete las estrofas más melodramáticas de sus canciones, se desata en ella una fuerza que parece extraída del centro mismo del Cristo del Corcovado. O, visto lo visto, de la Cruz del Valle de los Caídos. Algunas personas se asustan y se apartan. El adorable asesor de comunicaciones se acerca diciendo mi nombre tímidamente como si viniera a socorrerme de un combate con Óscar de la Hoya, en versión gigante. Pero Rocío ataca con rapidez y estira sus maravillosas y líricas manos, que también han adornado el sentir de sus canciones. Yo dejo escapar un inaudito «Ahora es tarde, señora», recordando su hit de los ochenta, mientras siento en la carne de mi pectoral izquierdo una daga dura, como nardo con puño de hierro; no un puño, sino sus uñas largas, esmaltadas en un gris perla que rematan el aspecto blanco y negro de todo su *ensemble;* sus uñas atacándome con la fuerza de una bola de hierro contra las fortalezas inglesas. En ese momento recordé las uñas de esa otra gran cantante, referencia gay, Barbra Streisand, por su extensión, brillo, y, desde luego, fiereza. Confieso que me planteé: si Barbra alguna vez se molesta con un colaborador o fanático, ¿su ataque físico sería el mismo? El golpe de pistolero mafioso y amenazante que la Jurado me reservó era similar, recuerdo, al que aquel hombre de moral quebrada hiciera sobre la americana de Barrionuevo en la fiesta-funeral de Benarroch.

He de reconocer que me gusta recrearme en el tema «uñas»; uñas de fuerza superior; uñas repetidas en mujeres de amplia convocatoria gay. Son mujeres que mantienen una especial relación con la manicura. ¿Qué esmalte irrompible usarán?, es la lógica pregunta. «Seguro que le ponen kriptonita», diría alguien en la boda. Pero el magnífico asesor de comunicaciones tiene la respuesta: «Se trata de un esmalte que sólo se compra en Nueva York, de nombre Esmalte Vitamina B 12, que en inglés es todavía más gay porque se dice Vitamin B twelve», me confiesa sin rechistar. Deseo una respuesta a una pregunta más obvia: ¿cómo puede un asesor del Partido Popular manejar esta información?

El incidente empezaba a robar protagonismo al evento y mucho temí que los Figueroa Martos jamás volvieran a invitarme. Ella, la Jurado, comenzó a tocarse el cuerpo como si de pronto la poseyera un espíritu rebelde y a proferir palabras peligrosas sobre mi persona y sobre Javier Sardá. El día se extinguía en el cielo madrileño y la noche jugaba con los grises ocultos en el traje de Rocío Jurado. Su marido, el torero de rostro inmutable, la tomó del brazo y la separó de mi horadado pectoral izquierdo.

—Está bien, Rocío. Vamos a saludar al presidente, que quiere verte.

—¡Pero no olvides nunca que la más mariquita, LA MÁS, soy yo! —dijo Rocío al alejarse.

En la breve pausa, en la que me repuse con gin tonic y sushi, asumí lo mucho que han cambiado las bodas en España. Por ejemplo, la de la propia Rocío Jurado con el torero Ortega Cano, en el año 95, boda que seguí a través de Televisión Española en una oficina del mismo ente, porque entonces trabajaba allí en un programa pseudoinfantil. Recuerdo el instante en que las dependencias de un programa en el que se buscaba a personas desaparecidas, de gran *rating*, guardaron silencio —como sólo se hace ante un brutal atentado o ante la llegada del hombre a la luna— justo cuando Rocío Jurado entraba en la capilla con un traje propio de Isabel la Católica. Alguien quebró el profundo y ¿respetuoso? silencio y pidió datos «sobre el "desaparecido" de esta noche para el guión final». Una mujer, con sus gafas empañadas de llanto por ver casarse a la Jurado, gruñó: «¡Te los doy después de los anillos, coño!».

Me habría gustado decirle a la Jurado que fue en ese intercambio de frases cuando decidí quedarme a vivir en España.

Pero ahora, trasegando el sushi y comprobando que mi camisa y mi corbata seguían allí, comprendía que las bodas en la nación del catolicismo tenían a bien ese servicio: mezclar a todos, los buenos y los malos, los observadores y los observados, los perdedores y los ganadores... porque, en el fondo, España es toda ella una gran celebración. Da igual si asistes a una derrota electoral en una casa de personajes vinculados al socialismo o si participas de una boda donde miembros del partido gobernante saben de esmaltes de uñas con vitaminas. Todo se mantiene amparado por este cielo emprendedor que ha conquistado y al mismo tiempo ha perdido infinidad de horizontes.

Asombrado, me descubro en la mesa contigua a la que aloja al presidente y a su esposa, la autora de un ensayo sobre cuentos infantiles, Ana Botella. Observo de soslayo a ese hombre, cuyo triunfo en una segunda legislatura significó tanta amargura para un grupo de votantes reunidos en torno a un televisor de pantalla gigante. Allí está, escondiendo su sonrisa bajo el bigote, con ese aspecto que me recuerda a Juan Vicente Gómez, un dictador de mi país, de procedencia andina y por ende taciturno, amigo de gestos extravagantes y de pocas palabras. Entre los más conocidos: hacer el amor con los pantalones puestos, «porque un hombre jamás se los baja». Aznar me lo recuerda mucho, siempre jugando a no decir todo lo que sabe, refugiándose en poemarios crípticos cuando los economistas de su generación pierden millones en las bolsas que ellos mismos han inflado. No tengo ganas de analizar lo que me gusta o disgusta de su política. ¡Una boda no es para eso! Lo divino es tenerlo cerca, acariciar quizás la idea de pedirle algo. ¡Ley de parejas de hecho, ya! ¡Normalización de la lucha homosexual! ¡Que la infanta Elena esté obligada por ley a vestir ropa española! ¡Un programa para mí solo en la Televisión Española!

Se apodera de mí un deseo de comportarme mal. «La izquierda es maleducada y la derecha educada. Ésa es prácticamente la única diferencia entre ambas», me ha dicho mi padre más de una vez. Y escucho su voz, de militante izquierdista latinoamericano, taladrándome como un mantra de mala digestión. Abandono la plácida conversación de la mesa de las hermanas Chávarri y me paseo de mesa en mesa, saludando a reinas del espectáculo nacional. Rocío Dúrcal, Carmen Sevilla, María Teresa Campos, la Morgan, la marquesa de Tamarit, todas obsequiosas, todas confirmando mi vocación de eunuco nenúfar. Mesa a mesa, creo ignorar lo suficiente a los Aznar-Botella como para merecerme una reprimenda de mis anfitriones. Sólo mi novio me corta el paso en mi paseo.

—¡Quieres quedarte quieto! Ana Botella me ha mirado de arriba a abajo, dos veces.

—Vaya, ¡qué policial!

—Es ridículo lo que estás haciendo. ¡Uno no puede levantarse de la mesa hasta que sirvan el postre!

Acepto la riña y coloco una cara de profunda confusión. Empiezo a entender la rígida autoridad de la buena educación. En verdad desconcierta al que no la posee. El castigo no ha hecho más que empezar. Inmediatamente después de servirse el café, la magnífica coreografía de camareros que nos han atendido vuelve a cruzar nuestras mesas como si salieran del restaurante donde Barbra Streisand baja triunfal las escaleras en *Hello Dolly*. Se depositan puros en los puestos de los caballeros y bajan las luces.

Raphael y su hija abandonan la mesa presidencial e irrumpen en la pista para inaugurar los valses. Con el célebre *Danubio azul*, el mítico cantante —superviviente al régimen franquista y a las sucesivas legislaturas de Felipe González, durante las que estuvo un tanto silenciado— baila feliz junto a su hija. Cuando el vals ejecuta esas cabriolas peculiares que Strauss legó al mundo nupcial, Raphael decide ser más Raphael que nunca y sigue el ritmo... con su melena de Jeckill y Mr. Hyde. Es decir, no bailaba él, bailaba el pelo. Sin duda, ésa era su gran noche, con todo el poder del histrión para sorprender y cautivar; una graciosa provocación que sedujo a la duquesa de Franco y a servidor. E incluso a la pareja de la mayoría absoluta, que disparaba sus sonrisas por encima del bigote, y de las amplias encías, respectivamente.

En el silencio de la noche, retengo esta imagen como si me sirviera de brújula en este universo de secretos destrozados y verdades alteradas donde deseo perderme.

Cuando toda la pista se puebla para bailar, alguien se acerca a revelarme que el supuesto asesor lo es, pero no de comunicación, sino de seguridad. De igual manera mi pregunta sigue sin respuesta: ¿cómo puede un asesor de seguridad del Partido Popular en el País Vasco saber la existencia de un esmalte de uñas con vitamina B 12? ¿O es precisamente por eso por lo que es asesor del Partido Popular en el País Vasco?

Sea como sea, el asesor vuelve a mí y empieza a tararear la canción que bailamos, *Ciega, sordomuda,* de Shakira. Erotizado, sus labios depositan en mi oído las estrofas de la canción: «este amor siempre sabe hacerme respirar profundo. Ya me trae por la izquierda y de pelea por el mundo».

Con ese ojo avizor que mantengo ante lo surreal, observo cómo la duquesa de Franco se dispone a irse y trastabilla en la moqueta. Mi brazo salvador quiebra el destino y la hija del Caudillo levanta los ojos para ver a su salvador. —¡Oh, Dios, qué sorpresa! —exclama al encontrar mis pupilas de avestruz. Y pienso, de nuevo, que España es una fiesta.

Mientras, en la mesa de las hermanas Chávarri se habla del primer plato.

—Me ha gustado el primer rollito de salmón. Pero no me ha gustado el segundo, fíjate.

—Es que el primer rollito siempre es mejor —agrega otra hermana.

—El problema del salmón es que siempre repite —finaliza una tercera.

Crónica dos

Lehendakari P.

© COVER

En la fiesta de inauguración de la exposición de Armani en el Guggemheim, un grito como canto de libertad atraviesa Bilbao y doblega el titanio del museo: «¡Lehendakari… lehendakari Preysler!»

Acudo a Bilbao con pasmosa frecuencia. Me encanta oír hablar a los vascos. Tienen un tono mexicano que me recuerda los doblajes de las series gringas que veía de púber. Quiero decir, esas consonantes tan marcadas y las vocales muy abiertas. Es ese tono como de fiscal que te detiene en Ocean Drive o en Malibú Beach y te pide la documentación en un castellano inusitado, demasiado cosmopolita quizás para combinar con las señales de tráfico donde se lee Stop o South Los Angeles. «Nadie me había presentado a los vascos de esa manera», me dijo un compañero de profesión de esa nacionalidad.

Me encanta Bilbao: alberga caos urbanístico, belleza natural y el fantasma de la violencia. Siempre he creído que toda belleza posee una maldición. En ciudades como Bilbao se comprueba. Aun nublada, contaminada e industrializada, Bilbao consigue un rincón de luz y estética bravía. Por eso, seguramente, el Guggenheim fue más un barco a la deriva que decidió encallar allí, que un edificio.

Y ambos conviven con ese crispado ambiente de terror. Crispado y verdadero, con sangre en el asfalto y astillas en los ojos. Y la belleza, así rodeada, así vivida, es doblemente hermosa y doblemente castigada.

Invitado a una noche de gala en ese buque de titanio con peligro de oxidación, me preparo a recorrer las contradicciones del conflicto vasco. La noche en cuestión es la inauguración de la exposición dedicada a Giorgio Armani y a sus 25 años de tiranía en la moda. Es cierto aquello que me decía mi padre: «los pájaros extraños gustan de encontrarse entre ellos». Una ciudad polvorín, un nacionalismo conflictivo, un museo extraordinario, un hombre que es también una marca de lujo y «dictador» de 25 años de moda... esa edad en la que las dictaduras desean renovarse. Todo estos elementos son ingredientes excitantes para una buena fiesta.

Unas semanas antes, también en Bilbao, ofrezco una conferencia sobre el *glamour,* a propósito de mi libro. Lugar: un hotel de alcurnia. Asistentes: divinas «Damas del Ercilla» que me esperan con los brazos abiertos y con sus joyas discretas, pero aplastantes en su autenticidad. Mis anfitrionas se divierten con las ocurrencias que expongo en torno al *glamour.* Con esa característica autocensura de comunicador, desisto de hablar de elecciones, gobiernos, Arzallus o cualquier malsonancia. Luego, ellas, en la cena posterior, de lenguado, besugo, pimientos y cogollos enchumbados en ese aceite que vence y sumerge cualquier frontera y cualquier lucha nacionalista, me lo agradecen, reservando para el final de la velada las confidencias sobre su calvario.

—Vivimos aterrorizados. ¡Con lo bella que es nuestra tierra!

—¡Y con lo vascos y españoles que nos sentimos! —exponen.

—¡Lo modernas que somos! —agregan, y con razón, porque antes de los postres me contaban una boda donde la novia fue vestida de Comme des garçons, un diseñador japonés del que ignoraba que hiciera trajes de novia.

—Ya ves cómo somos los vascos —sentenciaban.

Pese a esta elegante decisión de abordar EL ASUNTO, al final de sus veladas mis anfitrionas no pueden evitar el impotente tedio que les provoca el conflicto armado. Seguramente porque en una conversación social uno siempre espera risas y no puedes hacer otra cosa que encogerte de hombros o prolongar la pausa silenciosa cuando hablas de «impuesto revolucionario», «secuestro» o «asesinatos a bocajarro».

Una de ellas decide desviar la agonizante conversación a un asunto que la revive rotundamente: la lista de invitados para la cena de gala con la que se inaugurará la exposición de Giorgio Armani.

—Son sólo 300 invitaciones. Y la ciudad…

—No digas que está en llamas, porque la realidad no te permite tamaña insensatez.

— ...pues es peor que una bomba, Boris —termina la frase.

—¡Y tanto! Incluso entre nosotras mismas hay problemas. Hemos sido una piña desde que iniciamos estos encuentros, pero unas estamos invitadas y otras no.

Siento ese ligero frío del susto. En una ciudad vigilada por el Gobierno central y asediada por los murmullos de una resistencia no reconocida, el enfrentamiento de un grupo de damas de la alta sociedad local helaría la sangre al mismísimo Napoleón.

—Yo estoy invitado por la propia oficina de Giorgio Armani —me atrevo a decir en un inusitado acto de terrorismo personal.

—Traerán a todo quisque de fuera. Para amedrentarnos, dejarnos en ridículo provinciano y al mismo tiempo poner a prueba la solidaridad de los que ven a los vascos como unos guerrilleros sin sentido. Lo peor es que para calmarnos han organizado otra inauguración que no es cena, sino cóctel.

—Bien, es un detalle armonioso y democrático —digo.

—¡Cabrones! Si vamos al cóctel será algo así como «estás hoy porque no te invitaron ayer». Somos un pueblo, Boris, no lo olvides. No se nos puede dividir así.

—Vendrá Preysler, dicen. A ver si es cierto. Porque hay que tener mucho valor para ser Isabel Preysler y venir al País Vasco en plenas elecciones —dice otra dama.

—Me permito una pregunta, Boris: ¿cómo es posible que te desnudes en la televisión cada dos por tres y seas amigo de la Preysler?

—No lo sé. De la misma manera que estamos aquí hablando de País Vasco y de Giorgio Armani.

A la mañana siguiente recibo una llamada en mi habitación.

—Soy el gerente de relaciones públicas del hotel y le expreso nuestro deseo de alojarle aquí cuando regrese para la cena de gala del Guggenheim.

—Las noticias vuelan —observo.

—Somos un pueblo pequeño y vivimos un conflicto. ¿Le importaría una suite junior, o prefiere alojarse en la misma planta que la princesa de Orleans?

Me dan ganas de decir que lo que menos riesgo de bomba tenga. No podemos olvidar que la organización terrorista ETA contaba entre sus objetivos con Ana Obregón, una de esas extravagancias que ponen completamente en jaque el entarimado ideológico de la banda.

—Estará protegido por nosotros. Los controles serán estrictísimos. Yo, personalmente, temo más las represalias que puedan tomar los invitados al cóctel del día siguiente que cualquier acto terrorista.

—Lo comprendo. Entiendo este malestar —comento.

—Dicen que hasta al propio lehendakari le han sugerido ir al cóctel antes que a la cena para que la consejera de Cultura del Gobierno autonómico pueda leer su discurso sin que le quiten el protagonismo.

—¿Y en qué idioma leerán los discursos en la cena de gala?

—Vasco y castellano, como toda la vida.

—Pero olvidáis el idioma de Armani.

—Es el del dólar. Y ese no necesita discursos —culmina el gerente.

Confieso a mi novio, de regreso a Madrid, que la invitación de la oficina Armani ha sido sólo telefónica. «¿No te han enviado tarjeta? Mala señal. Si hay lehendakaris y consejeras de Cultura luchando por una invitación, tú no cuentas.»

Me reprimo a lo largo de una eterna semana para no llamar a la oficina del diseñador pidiendo explicaciones. Creo en el destino, en eso que llaman «lo que tenga que ser, será» o como pontifica mi padre: «Lo mejor… es lo que sucede». Espero y espero y de pronto una enfebrecida amiga vasca, vinculada también a la televisión, me llama.

—Están pasando cosas horribles en Bilbao.

—Por favor, tenéis que tranquilizaros. Es sólo una fiesta. Y además con todo esto se le resta importancia a la muestra, que es maravillosa y que, por lo visto, tendrá más fuerza en Bilbao que en Nueva York.

—Eso lo dicen para tranquilizarnos, pero no somos gente boba, Boris —dice mi amiga de la televisión vasca—. Las cosas están llegando muy lejos. Ayer tuve un sueño… —siempre pasa con mis amigas de la televisión: sufren el síndrome de Martin Luther King—. Y era un sueño horrible. Estaba en una aldea cercana a Bilbao, me entrevistaba con una gente cruel y les encargaba... —su voz se quiebra—: ¡que se cargaran el Museo antes de la cena inaugural!

No tengo palabras para calmar su llanto al otro lado del teléfono. Por un segundo pienso que puedo agregarla como mi acompañante si la oficina de Bilbao me confirma la asistencia. Pero creo que su llanto tiene mucho de culpa y un tanto de esquizofrenia: es terrible, pero cuando convives con tanta violencia y la ves tantas veces repetida en las pantallas de tantos televisores, no puedes evitar soñar con ella y asociarla a tus realidades más conflictivas. Como la que han creado, al menos en un selecto grupo de personas, estas dobles jornadas de inauguración Armani en el Guggenheim.

—Dime algo, no te quedes callado —implora mi amiga—. ¿Crees que debo presentarme ante el lehendakari y reconocer mi pesadilla? No podemos hacerle esto al pueblo vasco. Llegar tan lejos... Es hora de asumir lo horrible que es ser frívolo en un país donde pasan cosas serias. Iré a verme con el capellán de la Universidad de Deusto.

El martes anterior al evento, a las siete y media de la mañana, un mensajero portaba la ansiada invitación. A las ocho y media, la oficina de Armani enviaba a mi domicilio dos smokings para vestir en la cena-dilema. De inmediato surgió la pregunta: ¿en una fiesta de Armani conviene vestir todo de Armani? Desde luego que no, porque implicaría que él mismo ha dejado de pertenecerse y que su nombre no es más que una marca repetida, copiada, clonada y vilipendiada. De igual manera, los smokings eran dos tallas menores que la mía, «porque son de muestrario, y en realidad nada más lo usan los modelos», afirmaron desde la oficina. Me sentí humillado. Humillado. Sin embargo, observar dichos smokings me permitió comprobar que poseo un solo Armani en toda la vasta extensión de nombres, marcas y logos de mi armario.

—¿Que no quieres ir de Armani? Es lo más extraño que he escuchado —comenta la misma amiga que ha soñado con volar el Museo en un acto terrorista—. Dicen que la misma Preysler vendrá vestida de Armani.

—Pero en ella se comprende. Es casi una deferencia, en su caso —sostengo.

—Pero si la invitaran a Zara, por ejemplo, o a Marks & Spencer, ¿se vestiría de ellos también? —me replica.

—Ya —intervine—. Prefiero no discutirlo. Sigo oyendo rumores terribles sobre el cóctel —deslizo, para desviar del todo la conversación.

—No son rumores. Se ha confirmado que el Patronato del Museo ha decidido reducir las invitaciones a tan sólo 150 para el cóctel del demonio. Hay gente que está abriendo las casas de verano en Santander antes de tiempo para refugiarse hasta octubre.

—Dios mío —alcanzo a decir, fingiendo solidaridad.

—No puedo darte nombres, pero unas compañeras de la Universidad han intentado quemar unos armanis de sus hijos, polos y cosas así, en las puertas del Museo.

—Pero ¿van a hacerlo encapuchadas? —no puedo resistirme a preguntar.

—¡No estás tomándote este asunto con la seriedad que se merece! —clama mi amiga antes de cortar rauda la comunicación.

Aterrizo en el modernísimo aeropuerto de Bilbao por tercera vez en el mismo mes. Escondido tras mis enormes gafas de sol estilo Pinochet, me pregunto cómo no viene nadie de la guardia civil a interrogarme para averiguar por qué voy tanto por allí. Cuando me mudé a Madrid, mis amigos de entonces creían que mis credenciales de «guionista de telenovelas» eran perfectas para ocultar a un etarra de origen latinoamericano. «Con ese nombre, Boris Izaguirre, tan irreal, lo único plausible es que de verdad tengas un zulo en casa.» Y yo guardaba respetuoso silencio, concluyendo que los españoles, en general, somos totalmente irresponsables ante la cohabitación con el terrorismo. Decimos lo primero que se nos viene a la mente, seguramente porque la situación creada es de absoluta violencia y al mismo tiempo, terriblemente cotidiana.

Siempre me ha asombrado que en el mismo país, en la misma península, puedan convivir las noticias del mundo rosa y los anuncios de coches bomba, secuestros y explosiones provocados por la banda terrorista. Melanie y Antonio Banderas narran las vicisitudes de su veraneo y la siguiente imagen es una calle de Madrid o de Sevilla destrozada por un artefacto. Es una completísima verdad alterada que la presentadora del programa rosa tenga que asumir la responsabilidad de informar primero del atentado y, una vez despachada la noticia, regresar a su hábitat asumiendo una sonrisa como único hilo narrativo. Pero también es cierto que en algunos programas de este tipo se ofrecen boletines de crímenes, en su mayoría pasionales, ocurridos en pequeñas comunidades. Esa unión, la de la fama y la sangre —que sólo la televisión de nuestro país ha conseguido—, es quizá producto de la escalada terrorista y de la tolerancia que hemos desarrollado hacia ella. Casi casi con la misma tolerancia con la que se supone que hace más de quinientos años vivíamos en estas mismas tierras musulmanes, judíos y cristianos. Hasta que llegó para cambiarlo todo una reina católica, de nombre Isabel.

Traspasada la zona de recogida de equipajes del nuevo aeropuerto bilbaíno —tan similar a un fotograma de *2001: Odisea del espacio*—, todas estas reflexiones me remiten a esa reina de mi universo personal, de nombre también Isabel, católica, pero filipina, que esta misma noche ejercerá una transformación en la sociedad jesuítica, alterada, violenta y millonaria de Bilbao. En efecto, toda la ciudad parece estar a la espera de su llegada.

—En coche. Me han dicho que ha escogido este medio de transporte, al parecer más seguro, porque sus chóferes han recibido instrucción policial —afirma una de las compañeras de universidad de mi amiga.

—Sin embargo, a mí me han comentado que en el aeropuerto la seguridad es notable y que han pedido refuerzos a partir del vuelo de las catorce horas de Madrid, en el que ella viaja.

—No os enteráis de nada: me han asegurado que está en el País Vasco desde ayer, que llegó en helicóptero vía Santander.

—¿Y qué tiene la Preysler en Santander?

Decido dar una vuelta por ese Bilbao de casas rojo intenso o azul súper Atlántico, esa atmósfera de puerto inglés y *brasserie*. No me atrevo a pasear por el «Guggen» porque no deseo robarle misterio al conflictivo evento.

Me detengo en una de las entradas del metro diseñado por Sir Norman Foster, que junto con el Museo son las obras de arquitectura que han dado otro tipo de fama a la ciudad. Frente a estas entradas con forma de oruga, pienso en la esposa española de Norman Foster, Elena Ochoa, la doctora Sexo de los años ochenta, Madame Luz Roja, la psicóloga que enseñó a sus compatriotas, a través de la televisión, a entender el sexo, el orgasmo, el clítoris y las tendencias individuales, y todo ello, ataviada con importantes y carísimos Armani. ¿Puede ser que estas orugas transparentes sean una reflexión de Foster sobre el sexo de su esposa subpirenaica, o son, más bien, una nueva metáfora sobre Bilbao: la oruga esperando su metamorfosis? Ensimismado, escucho un grito y otro y de pronto una algarabía impresionante y un grupo de gente corriendo, al que me sumo, hasta la puerta de un hotel.

Es ella, Preysler, descendiendo de un coche negro, con una pequeña cazadora de piel, vaqueros y blusa blanca. Gafas de importante cobertura y el pelo atado en una cola.

El grupo empieza a descontrolarse y desde el hotel surge una seguridad discreta pero visible mientras ella intenta deslizarse entre la gente. No la sujetan, como harían con un jugador de fútbol, pero alguien pierde el control y la gente empieza a gritar:

—¡Reina, Isabel, reina!

—¡Guapa, que eres guapa, Isabel!

—¡Torera!... —dicen unos jóvenes, dejándose llevar por sus propias risas.

Una señora de edad rompe a llorar y se aferra a mi brazo:

—Dile algo, que no te ha visto, y se va a alegrar de que estés aquí...

Pero no me atrevo. La observo sonreír, mantener su camino entre el espontáneo delirio y adentrarse en el *lobby* del hotel, donde botones y agentes de seguridad detienen las puertas del ascensor. Una cámara de televisión se acerca y Freysler retrocede un paso, dispara sonrisa y espera pregunta.

—¿Qué le parece Bilbao?

—Maravillosa. Con una gente encantadora.

—¿Cómo cree que será la cena en el Guggenheim?

—Fantástica.

—¿Cree que el señor Armani está nervioso?

—Es un genio, un artista. Le admiro desde hace muchos años.

—¿Irá vestida con un traje suyo?

Presyler sonríe y abandona el paso hacia un ascensor perfectamente vigilado. Se vuelven a escuchar los «guapa, guapa» de la calle y saluda divertida. En la puerta misma del ascensor, se gira.

—Estoy encantada de estar aquí. Espero veros de nuevo esta noche.

Y el ascensor se cierra con una complicidad espeluznante. La reportera se coloca frente a cámara, atacada, como si acabara de recibir una transfusión de sangre bendita.

«Isabel Preysler ha llegado a Bilbao llevándose a los ciudadanos de calle con su don de gentes.»

Atrapado en el aroma de ese don de gentes, entro en un gimnasio de Bilbao con la creencia de que una hora de bicicleta estática me hará verme tan radiante como Preysler. Al cabo de cuarenta y cinco minutos voy al baño de vapor del mismo gimnasio, rodeado de hombres vascos, no menos asombrados de hallarme entre ellos.

—Boris, ¿puedo hacerte una pregunta?

—Encantado —digo, emulando a Preysler en el hotel.

—¿De verdad eres maricón?

Antes de responder, otro varón interrumpe.

—Joder, Aitor, con la de cosas que podrías preguntarle y vas a hacerle la más obvia. Es que a veces tienen razón con todo lo que dicen de los vascos —espeta.

—Coño, es que si de verdad es maricón tiene cojones de entrar a esta sauna.

—Bueno, antes he estado reunido con las damas del Hotel Ercilla —digo con educada voz, siempre en estilo Preysler.

—Pero, cojones, Iñaki, ¿y quién te dice a ti que no hay maricones en la puta banda armada?

—Ah, tío, es que esos son todos maricones. Si no, no serían terroristas —agrega, estirando las gotas de transpiración sobre un antebrazo francamente desarrollado.

—Te equivocas, Aitor, los espías son los gays; los terroristas son otra cosa.

—Boris —continúa el forzudo Aitor—, estarás hasta los huevos de que te hablen de terrorismo.

—Bueno, también estoy preocupado por las gentes que no están invitadas a la cena de esta noche.

—La puta cena, joder —exclama Aitor, y se levanta del banco, demostrando un poderío viril, que no puedo evitar asociar a una nueva estrategia terrorista de la omnipresente banda armada—. Mi esposa me trae harto entre vuestro programa, que cada día empieza más tarde, y el ir y venir del «quiénes» vendrán a la cena. A mi madre la han invitado para el cóctel de mañana y no quiere ir.

—Igual que la mía —expone Iñaki.

—Total, este alboroto para ver unos trajes en unos maniquíes sin cabeza. ¡Mira tú qué idea más tétrica, en esta ciudad, precisamente!

—Y, tú, Boris, ¿te vas a vestir de Armani? —pregunta Iñaki con una sonrisa devastadora y colocando su manaza sobre mi hombro.

—No, creo que desenterraré un Balenciaga —digo, en la seguridad de que no entienden lo que digo, a pesar de que el gran *couturier* de todos los tiempos fuera, como ellos, vasco.

Pero ellos ríen con estrepitosas carcajadas, quizá confundiendo el nombre con el de alguna maquinaria explosiva empleada por ETA. Se levantan los dos y se acercan con esa proximidad insólita de los varones españoles cuando están entre ellos. Dividido entre la realidad del instante y el deseo de mis ensoñaciones, Aitor me coge por los hombros y me besa en toda la cara mientras Iñaki me da una nalgada en mis desnudas posaderas.

—Eres un tío de puta madre, Boris. Ojalá todos los maricones fueran como tú —dicen entre sonrisas y gotas de sudor, alejándose hacia los vestuarios. En la soledad del eucalipto y el vapor, tengo la certeza de que eran policías.

En el hotel recorro el pasillo que lleva hacia mi habitación y descubro en una de las puertas a la princesa Beatriz de Orleans, con una toalla blanca perfectamente ceñida bajo sus brazos. Una mujer ha interrumpido su baño y hablan en francés. Al divisarme, cambian a un castellano fronterizo.

—Por Dios, basta ya de esa pregunta estúpida. No vestiré Armani, no, no. Si soy la representante de Dior en España, iré de Dior, *bien ça.*

—Era sólo una pregunta, Beatriz —dice la que ha interrumpido el baño.

Llego a mi habitación y en la televisión encendida veo imágenes del Guggenheim y a la misma reportera del «don de gentes» hablando sobre «la expectativa creada y la inminente presencia de grandes personalidades del país y del País Vasco, indiscutiblemente...». Y temo por su futuro profesional al colocar la palabra *vasco* en segundo lugar. Veo mi smoking, que en realidad es un traje negro que se disfraza de tal si se le agrega pajarita y camisa de smoking, y me asalta la duda de si llevar o no un Armani. Queda una hora para la cena y llamo a la tienda de Armani en Bilbao, con voz fingida y una actitud corporal de feto inquieto.

—Señor, no tenemos más smokings para esta noche.

—No le he dicho que lo quiera para esta noche —digo con mi voz falsa.

—Bueno, pero es que ya sabemos que es así. Si quiere, puedo llamar a Madrid a ver si queda alguno, pero no estará aquí hoy, claro. A lo sumo, para el cóctel de mañana.

—¿Y le parece normal que estando en Bilbao tenga que esperar un smoking de Madrid? —digo con una irritación inusitada, que no sé si atribuir a: a) al hecho de que en Bilbao Madrid siga mandando; o b) a la mención, injustificada, del cóctel de los segundones.

—Así son las cosas, señor —dice, sin énfasis alguno, la dependienta.

A las ocho y treinta emerjo de la suite junior convertido en heredero, algo más amanerado, de Porfirio Rubirosa. Desde el piso primero escucho el inquietante sonido de tafetanes, terciopelos y brocados que pululan por el vestíbulo. Voy de Rubirosa y de Proust moderno. Minutos antes de volar hacia el «Guggen», me dirijo hacia esos agitados cisnes sociales.

Una vez en la puerta del coloso de titanio, observo las barricadas montadas por la policía para contener a «las gentes de Bilbao que se han volcado para ver de cerca a sus figuras queridas», como dice, en un tono extremado, la misma periodista. Inicio, tímido, mi camino, deteniéndome frente al gigantesco perro de Jeff Koons, hecho con macetones y flores, que tanto cariño y seguridad inspira. Algunos me llaman, y avanzo más deprisa, para de pronto encontrarme sepultado bajo una bóveda espontánea hecha con mi propio nombre. Una y otra vez, camino debajo de una ola que me corea y expresa un cariño profundo. Conmovido, me giro hacia ellos y me inclino en la única reverencia que sé hacer, que es la misma de Isabel Pantoja cuando termina sus recitales (ver *Morir de glamour).* El rugido se hace orquesta sinfónica y, como siempre, tardo en levantarme, hasta que una mano amiga me ayuda al mismo tiempo que sostiene un teléfono móvil.

—Están escuchando este aplauso en Madrid —me dice la mano amiga—. Nunca imaginarás quién exactamente.

No sé que decirle. Intento incorporarme, ir hacia la entrada y evitar en la medida de lo posible saludar como las misses. La mano amiga insiste.

—Es Ana Botella, al teléfono. Le estoy transmitiendo todo lo que sucede esta noche. Ana, sí, lo de Boris ha sido impresionante. El País Vasco le adora...

Abandono esa mano amiga, supuesta informadora de la primera dama del Gobierno, y bajo las escaleras hacia el *foyer* del «Guggen». Nuevas cámaras de televisión esperan allí. Respondo una a una, mientras todas me preguntan qué llevo de Armani: «sólo la pajarita». Veo a Almodóvar dentro del Armani con que bendijo el Oscar; a Miguel Bosé con la camisa por fuera, su aporte a la moda mediterránea, y a Antonia dell' Atte lanzándose a los brazos del diseñador de pelo blanquísimo y sonrisa ídem. Unos metros más allá, y acompañado por una brava mujer vestida con un insuperable traje rojo absoluto, está Hubert de Givenchy que se mueve despacio y que intenta atrapar el frío y la grandiosidad titánica del edificio; Givenchy, el gran heredero de Balenciaga, el hombre detrás del *allure* de Audrey Hepburn y de Jacquelinne Kennedy. Me asombra su nobleza, la altura de su figura y los gestos de su distinción. Él está aquí representando algo que ha dejado de existir y rindiendo un personal homenaje a su maestro, que, repito, fue vasco y se exilió voluntariamente a un París desde donde conquistó el mundo. La presencia de Givenchy, que fue destronado de su propio reino por una sucesión de diseñadores británicos (Alexander Mac Queen, a la cabeza), también habla de una Europa evaporada; una Europa que creía en el refinamiento antes que en el ataque de tiburones corporativos. Continúo observándole y descubro que pocas personas en esta *mêlée* de cámaras y famosos lo hacen. La señora que le acompaña, de indiscutible apariencia aristocrática, se mueve señorial y castigadora a su alrededor. Su bravura empieza a tornarse cabreo porque ninguno de los presentes hagamos algo para mostrar nuestro respeto a otro grande de la costura. Unas damas, desconocidas, atrapan mi mirada en sus ojos.

—Al final sólo ha venido gente de tercera. De la tele —dicen, mientras les ofrezco una sonrisa muy catódica—. Ni Sofía Loren ni Claudia Cardinale, como habían dicho.

—Es que el terrorismo está haciendo pupa en todos los sectores. Mira el turismo.

—¿Cómo vamos a pagar este mamotreto que nos hemos construido? —dice la otra.

Entran Joaquín Cortés y José Coronado, evidentemente vestidos de Armani, pues son los mismos smokings que no pude yo ponerme por talla. Y Armani, acompañado de su encantadora sobrina, se presta a las fotos. Dell'

Atte, Almodóvar y Bosé también miran cómo los que llegan asumen su momento flash y anoto, una vez más, esa misteriosa capacidad de la sociedad internacional para comportarse siempre igual, en Madrid, Caracas, Taipei o en esta ciudad politizada y vigilada. Y entonces escuchamos el primer suspiro de asombro. Como si toda la ciudad levantara al unísono un inmenso paracaídas.

—¡Presyler! —dice uno de los cámaras.

Y me encuentro de nuevo corriendo entre una muchedumbre, ascendiendo la escalinata del «Guggen» como si hiciéramos al revés la famosa escena del *Acorazado Potemkin*.

El mismo escenario de mi apoteosis está ahora iluminado como por una nave espacial. Luz y, al mismo tiempo, atmósfera de desembarco extraterrestre. Todo empieza a girar y el murmullo se vuelve palabra: «Guapa, guapísima».

Sólo hay dos hombres allí, uno de ellos el finado Ramón Mendoza, asombrado y con risa nerviosa ante el evento, a pesar de haber visto rugir a más de un estadio. El otro hombre se acerca a la puerta del coche negro. Un fotógrafo, en la zona de prensa gráfica donde he logrado colarme, me golpea el estómago.

—Quieres estar en todas, cabrón.

—Porque esto es historia —digo.

Sucede un minisegundo de silencio y el pie de Preysler toma contacto con esta verdad alterada. Entonces sobreviene el grito que, como canto de libertad, atraviesa Bilbao y doblega el titanio del museo.

—¡Lehendakari... Lehendakari Preysler!

Olvide, lector, el rugido que he descrito a mi llegada. Olvide las sedas moviéndose en el vestíbulo del hotel. Olvide todo eso y déjese llevar por el delirio, por el grito de unos votantes sin otra ideología que la idolatría al personaje más inesperado. Preysler, la mujer que ha soportado más epítetos en nuestro país, abandona la zona de seguridad del coche y se detiene ante la algarabía. Cubierta por un chal negro, con los pies desnudos en la altísima sandalia, con el pelo recogidísimo y con los ojos volando en leves pestañeos, Isabel desata un gran estruendo al separarse de sus caballeros-escoltas e iniciar sola, SOLA, el camino hacia la puerta.

—Tienen razón. Esta mujer podría ser presidente de estos locos —afirma uno de los fotógrafos.

Increíble y maravillosa contradicción. La reina del *¡Hola!* es lo más español que los vascos pueden asimilar como propio; una mujer que eclipsa —sonriente, desafiante y solitaria— un conflicto, un país dividido y el fulgor del titanio.

Vuelven los «guapa, guapa» y Preysler regala al público su guiño final: a escasos centímetros de la escalinata invertida deja caer el chal por su espalda y dispara la perfecta sonrisa en el preciso instante en que un solícito Armani toma sus hombros y besa sus mejillas.

Alguien asegura con voz de esperanza:

—Por una noche hemos abandonado las armas.

CRÓNICA TRES

REINA DE LA MODA

Marichalar ha transformado a la Infanta Elena en Reina de la Moda. Voces de la verdad alterada claman: «¡La aguja de oro para Marichalar!», por su contribución a la monarquía española

Voy a comprar las cuatro revistas del corazón más importantes de este país dividido y me asombro ante una portada. Un retrato de nuestra infanta Elena y un gran titular: «REINA DE LA MODA». Con estupor, logro pagar y me siento en el primer banco que encuentro, cerciorándome de que no ha caído un meteorito o de que cadáveres de otros tiempos no se levantan iniciando el trayecto hacia el Juicio Final. Me explico. Cuando vine a vivir a España desde mi natal Venezuela, allá por el año 1992, en mi país las infantas eran conocidas como «infanta Naranja» o «infanta Limón»: un juego de palabras relacionado con el refresco americano. Incluso una vez en una recepción de la embajada española en Caracas, un miembro del cuerpo diplomático dijo que no sabían qué hacer con las hijas del rey, y sobre todo con la mayor, Elena, a la que calificó de infanta Elefanta.

Y es curioso cómo en tan sólo nueve años la joven aristócrata ha devenido en Reina de la Moda. Quiero con todo esto aclarar que cuando leí el titular me sentí contemporáneo de un extraordinario fenómeno. Pero, ¿cómo ha ocurrido dicha transformación? ¿No es lógico pensar que así como ella ha cambiado, nosotros también?

Hace nueve años, un periodista catalán de apodo japonés, «Mikimoto», hizo mofa de la Infanta —hoy Reina de la Moda—, por la emoción que había vertido, vía fosas nasales, al ver a su hermano convertido en abanderado de una España olímpica. Ese comentario, afín a la reconocida irreverencia catalana, sepultó por siempre el programa y la carrera televisiva de su conductor. La Infanta corrió mejor suerte. Logró, en menos de nueve años, abofetear a esa sociedad tardo-demócrata que la veía como a una chica difícil de enmendar y colocar. Y es que la figura de la infanta Elena refleja una de las contradicciones típicas del nuevo español: querer a su rey, pero no necesariamente a la institución que representa, cuando, de toda la vida, una monarquía y sus representantes han viajado juntos.

—En España no —me reta una amiga—. Aquí siempre puedes escoger. Si no te gusta el vinagre en la ensalada, lo quitas. Si te gusta el rey, pero no entiendes por qué somos una monarquía, tan tranquilos. El Rey es divino y la Infanta... bueno lo de la Infanta se lo debemos todo al marido.

Como se sabe, a raíz de su matrimonio con Jaime de Marichalar —un caballero soriano, hijo de aristócrata y sutilmente vinculado a labores de relaciones públicas en una multinacional de seguros—, aquella Infanta de la que se mofaba más de un súbdito empezó su transformación; una transformación que incluso la enfrentaría a la mismísima Carolina de Mónaco en una cena en Versailles donde la princesa Grimaldi perdería su título de «Paladina de la Moda» frente al fulgor español de una Infanta ataviada de Dior de pies a cabeza.

Desde ese momento, lo de la infanta Elena ha sido imparable. Así, mientras Carolina se sumergía en aguas procelosas al casarse con un príncipe de Hannover aquejado de porfiria (una enfermedad aristocrática que convierte el estado de ánimo en inestabilidad patológica), nuestra infanta, Madame Marichalar, sorprendía al mundo combinando anchísimas pamelas de manufactura francesa con estilizados tacones de aguja y llevando su trenza de cabellos borbónicos de la misma manera que aquella Sissí emperatriz que enloquecía a su imperio. Hace unos años, repito, veíamos la trenza de la Infanta como un rasgo de adolescencia no superada o de terquedad propia de la realeza. Ahora no. Ahora es símbolo de hispanidad, de borbonismo en una Europa que siempre mantuvo sus títulos como único elemento de cohesión.

«Pero tú tienes que escribir que nada de lo que lleva puesto es español», me reclaman expertos en la materia.

Se dice, con pasmosa frecuencia, que Marichalar, al principio del matrimonio, es decir, cuando estaban cimentando las bases de este reinado de la moda, era visto en múltiples desfiles de la semana de la moda en París. Sobre todo, en Dior. No existen imágenes de esto, desde luego, pero se comenta que en tales desfiles Marichalar tomaba apuntes en una de las libretitas que la firma ofrece a los de la primera fila. Por lo visto, allí anotaba tal pamela con este bolso, *tailleur* con estos zapatos, *ensemble* dos con detallitos del *ensemble* tres. Y claro, en un país tan machista como el nuestro, todo esto era motivo de risa. Sin embargo, pienso sinceramente que Marichalar estaba creando una nueva actitud en el esposo católico occidental: vestir a su mujer mejor de lo que ella misma pudiera hacerlo. No hay que olvidar que durante años ha sido la esposa la que ha vestido al marido, de la misma manera que antes ha sido la madre la que ha vestido al hijo. Pero Marichalar ha roto esta tradición y ha establecido una nueva corriente para el hombre del siglo XXI. En más de una ocasión se ha insinuado que la actitud de Marichalar le ha dado una aureola a lo Rasputín en las filas de la Familia Real. Y si observamos con atención nos daremos cuenta de que hasta la propia infanta Cristina, hermana de la Reina de la Moda, ha hecho un esfuerzo ejemplar por abandonar su carismática dejadez barcelonesa en favor de un estilo sobrio, siempre proclive a los naranjas y a los colores fuego, pero con mejores telas y con un cierto acabado de latente industria textil. «Con lo cual, la Reina de la Moda viste francés y la Infanta "olímpica" catalán», insiste mi amiga.

Ante esta afirmación, hay que comentar varios puntos. En primer lugar, no se puede determinar si la Reina de la Moda lleva ropa exclusivamente francesa, porque una de las cosas estupendas de ser «real» es que no tienes que responder a preguntas de la prensa. Y esto impide que de sus labios surja la verdad. Difícilmente la escucharemos declarar «sí, es un Dior» o «no, no es Lacroix». «Y lamentablemente, en un país de horteras, la gente ve la basura de *Gran hermano* y a nadie se le ocurre entrevistar al tintorero de la Infanta», vuelve a exclamar mi amiga.

Para calmarla la remito al único dato que poseemos sobre el posible afrancesamiento de la Reina de la Moda, más extremo de lo que tal vez la Pilarica jamás deseó. Se trata de una foto, en realidad un reportaje en el sacrosanto *¡Hola!* que trata de la inauguración de un rascacielos en Nueva York. Son esas cosas de las verdades alteradas: un pequeño detalle puede construir una importante realidad. Porque la inauguración de un rascacielos, de entrada, parece algo relegado a la época de películas como *El coloso en llamas* y, además, en Nueva York es de lo más habitual. De hecho, en Manhattan nadie camina mirando edificios. Sólo los paletos o los locos.

Pero empieza la fiesta: la inauguración de una torre que aloja las importantes oficinas de una multinacional conocida, al igual que la CIA, más por sus siglas que por su nombre entero: LVMH, que separadas quieren decir Louis

Vuitton-Moet Hennessy y que en los últimos años, desde esos divinos noventa de olimpiadas, ferias y bodas reales, se han erigido como artífices de un extenso imperio del lujo. En un principio la compañía aglutinó dos nombres decisivos: el fabricante de marroquinería exquisita y uno de los mejores elaboradores de champagne. Pero gracias a la tenacidad financiera de Bernard Arnault, un francés de menos de sesenta años, el grupo fue creciendo en torno al esplendor. Así, LVMH compró Dior y también Givenchy y de paso a un genio de la moda que poco a poco ha ido perdiendo protagonismo, Lacroix. En España, con pasmosa tranquilidad, adquirieron nuestra clásica Loewe y consiguieron que todo un nuevo público, entre los que se cuenta servidor, se lanzara a formar parte de sus huestes.

Por ello, la inauguración de esta torre, que simbolizaba lo más elevado en la galaxia fasto, se convirtió en un acto máximo para la moda. Modelos (Cyndy, Claudia, Christy y Naomi), diseñadores (Galliano, Lacroix, Mac Queen o el huidizo Narciso Rodríguez de Loewe), la jet neoyorkina con Lynn Wyatt a la cabeza, pese a ser de Texas, el príncipe de Grecia (primo de nuestra Reina de la Moda) y su esposa, Marie Chantal... Todos estaban presentes. Y entre ellos, sonriente, alto, impecable, podía verse a Jaime de Marichalar, solo, sin la Reina de la Moda. Su presencia suponía tanto un posible agradecimiento por el vestuario de su esposa como la culminación de ese proceso post-industrial, tan siglo XXI, con el que el lujo se ha vuelto más democrático que los poderes y más profundo en sus valores que las antiguas ideologías.

—Dios mío, este documento es impresionante —atiza mi amiga—. Porque viene a dejarnos claro que él está allí como amigo de la casa, de ese emporio que muy probablemente abastezca de modelitos a su esposa.

—Qué buen eslogan: «Ponga un Marichalar en su vida» —le digo.

—Pero es más que eso, tonto. ¿No te das cuenta de lo que significa? Que ella no lleva encima nada español.

—Aparte de ella misma, claro, que ya es bastante. ¿Pero por qué tienes ese empeño en que se vista de español, si seguramente hace unos años ninguno de nuestros diseñadores se hubiera sentido cómodo con que la Infanta le escogiera? —digo, haciendo hincapié en que la transformación de la infanta Elefanta en Reina de la Moda es un mérito propio.

—Pues... porque los trajes de la Infanta los pagamos nosotros.

Me levanto asombrado. Maldigo mi propio desinterés por aquellas lecciones de bachillerato acerca del uso y empleo de los impuestos.

—¿De verdad pagamos los españoles unos trajes que pertenecen a una multinacional del lujo? —inquiero asustado.

—Como lo estás oyendo.

—Pero tendrás que reconocer que es preferible que empleen mis impuestos en construir esa colección de trajes antes que en levantar nuevas iglesias de una religión que no profeso.

—Pero es que ella podría convertirse, ahora que es Reina de la Moda, en adalid de la moda española.

—Pero volvemos a lo mismo: si la moda española no ha hecho nada por ella. Por favor, primero desearían que fuera Rosario Nadal. La única persona de este país que se ha comprometido con un diseñador ha sido Ana Belén con Jesús del Pozo —indico.

—Y Alejandro Sanz con Antonio Miró —refuta mi amiga.

—Sí, pero sólo por una gira. Además, insisto en que antes no hacían caso a la Infanta. Y eso, tú lo sabes, es muy típico del español: ahora que lo peor ha pasado, todo el mundo quiere felicitarla y usarla.

—¡Pero tú imaginas lo que cuesta cada uno de los modelitos de la Infanta! —exclama mi amiga.

—Es un dinero bien invertido. Porque ella se mantendrá siempre estupenda gracias a la equitación, que te deja muy bien para toda la vida.

—¿Sabes qué te digo? Voy a buscar a alguien menos monárquico y moñas que tú —espeta mi amiga cerrando la puerta.

Me quedo pensando en el asunto mientras un nuevo atardecer de Madrid se pierde más allá del Palacio de Oriente, ese majestuoso edificio que el fantasma de Franco y la decisión de la reina Sofía de no criar a sus hijos allí han conseguido convertir en un mamotreto sin vida en pleno centro de la ciudad. Y empiezo a cavilar sobre la auténtica relación de los españoles con su monarquía.

Marichalar, el primero en llegar, abrió la veda a los medios de comunicación para tratar a la familia real con la misma actitud con la que se critica, se ensalza y se vuelve a comentar cualquier cosa en nuestro país. El hecho se debe a otra instantánea del duque, esta vez en una fiesta en Capri, ofrecida, dicho sea de paso, por un famoso diseñador de zapatos, Diego della Valle. En dicha fiesta el consorte de la Reina de la Moda ostentaba unos pantalones donde abigarrados paralelepípedos se mezclaban con un tejido de azul mediterráneo sobre las caderas algo abultadas del noble. El pantalón cambió la cordialidad entre los fagocitadores medios de comunicación y nuestra familia real, siempre escudada en la humildad de su largo exilio, en los avatares de su sucesión y hasta en el hecho mismo de que fuera un dictador como Franco el que impusiera su recuperación. Vinieron los pantalones de Marichalar y todos pudimos decir lo que pensábamos de la familia, abriendo el camino a un asunto mucho más peliagudo, como es el casamiento del príncipe Felipe con la modelo noruega.

La moda y los Marichalar son un matrimonio peligroso. A nadie le molesta que Carolina de Mónaco se vista de Chanel y ande por ahí con el diseñador jefe de esa casa-imperio, Karl Lagerfeld, ni que éste, para más inri, sea alemán y se imponga a Francia de la manera en que Hitler, afortunadamente, no pudo. Y no nos molesta, porque Carolina, a fin de cuentas, es francesa, aunque de un peñón al que nadie puede colocarle fronteras, pero francesa. Y además, princesa de un cuento de hadas. Sin embargo, nuestra Infanta lo es de una democracia madura y de una potencia mundial importante. Y es extraño, o alterado cuando menos, que los Marichalar apuesten tanto por la moda a través de un emporio del lujo, ahora que la globalización convierte, paradójicamente, en señas de identidad, tanto para pobres como para nuevos ricos y aristócratas, las siglas de las casas de moda.

El lujo ha pasado de ser una cosa restrictiva a alzarse casi como una ideología, para dar forma a un cúmulo de símbolos (bien sean prendas, nombres de diseñadores o etiquetas transformadas en logos) que van conformando iconografías prácticamente tan decisivas como las creadas por las religiones a lo largo de los siglos; y por ahora incluso más duraderas, como ha demostrado la permanencia de Dior, Gucci o Yves Saint Laurent frente al existencialismo, el nazismo o la hoz y el martillo del comunismo.

En este sentido, España, demasiado tiempo vinculada a las peripecias, a las tragedias y al hambre de su guerra civil, cuando por fin despertó de la pobreza, atravesó un período de nueva riqueza; un período en que más que a adquirir Goyas o Velázquez —que ya le pertenecían por derecho propio— se entregó en cuerpo, alma y dólares a los grandes nombres y a las grandes firmas para revalidar su nueva capacidad adquisitiva. Así, cualquier español podía pronunciar Versace o Chanel mejor que un francés o un italiano.

Las etiquetas y las firmas sí han conseguido entender el libre mercado y la globalización.

En una de las manifestaciones antiglobalización de Barcelona observé maravillado cómo algunos de los escaparates atacados en *passeig* de Gracia correspondían a las tiendas de Chanel y Armani. Admiré este gesto, porque por una vez creí encontrar la frontera entre esta realidad surreal y la posible lógica que ella misma nos deja como herencia. Los manifestantes que defienden un mejor reparto de bienes en un mundo eternamente dividido entre ricos y pobres habían atacado los símbolos, los nuevos tótems, los templos repetidos perfectamente en una y otra ciudad a lo largo del planeta. El lujo es nuestro Señor. Y aunque nos moleste reconocerlo, el lujo ha logrado erigirse en ese tipo de poder inasible e inquietante. El demonio y el ángel de la verdad alterada.

Cuando el atardecer ha sumergido el Palacio de Oriente en un manto nocturno, termino por darle la razón a los cónyuges Marichalar por construirnos una Reina de la Moda. Y casi aplaudo la decisión de su «no vestir español». Porque, de lo contrario, ¿tendrían que entregarse a los delirios neo-andaluces de Vittorio y Luchino, por ejemplo, que italianizaron sus propios nombres para crear su casa de modas? ¿O deberían seguir la hipocresía instaurada por primeras damas como Jackie Kennedy al adaptar sus Givenchys al sabor americano, a través de su amigo Oleg Gassini para que este último se llevara toda la gloria? Si siguiéramos en este empeño de vestir a nuestra Reina de la Moda con diseñadores hispanos, ¿no estaríamos arrojándola a las huestes de un destino como el de la infortunada Lady Di? No olvidemos que Lady Di aguantó once años de matrimonio falso y de un vestuario creado por diseñadores ingleses que la presentaban como un cruce entre Julie Andrews y Joan Collins. Sólo cuando se divorció del príncipe de Gales y de su rígido protocolo en el vestir, pudo al fin conducir un *Mercedes* y deslumbrar a todos con sus Versace, aunque encontrara el trágico final que todos conocemos.

Sí, me levanto hipermonárquico en el salón de mi casa: ¡que la Reina de la Moda siga fiel a Dior y todos los Napoleones de la *haute couture!* ¡Qué demonios! Además, conoció a su marido en la capital francesa y cumplió perfectamente con esta industria encargando su traje de novia al modisto de su madre, como hace toda niña decente.

Lo que importa de verdad es que ellos han iniciado una revolución mucho más complicada. La de sustituir a Cristo por Saint Laurent y a la Virgen por Santa Chanel de Todas Nuestras Alegrías.

Mi amiga regresa a casa vestida con una combinación de Prada, que le he visto a la princesa Carolina en una inauguración de jardines en Montecarlo. Y además, zapatos de Louis Vuitton, bolso de Dior, gafas de Chanel, pañuelo de Pertegaz, *vintage,* por supuesto, que es una nueva tendencia de la moda de hoy: llevar algo antiguo junto a lo recién adquirido. Llavero y monedero de Loewe.

—Criticas a la Infanta y estás vestida casi como ella, con las etiquetas aún más visibles.

—Porque soy plebeya y me lo permito. He venido a buscarte para que vayamos a ese nuevo lugar repleto de *fashion victims.*

—Espera entonces que busco mi llavero *souvenir* de la boda de la infanta Cristina y el deportista Iñaki.

—Dios mío, no soporto esos arranques *kistch* que te entran. Además, ¿con qué puedes combinar algo así?

Crónica cuatro

Se va, se va, se va, se va

ARCHIVO DEL AUTOR

El hijo de la izquierda venezolana con la nieta del último caudillo de España.
La verdad alterada une a las ovejas negras

Mayo de 2001. Estoy en el salón Vips de *Crónicas marcianas*. Me han echado de mi camerino para que esta noche lo ocupe uno de los invitados. La última vez que estuve en este amplio salón —decorado con sofás de Ikea y con un enorme televisor permanentemente sintonizado en Telecinco— acompañaba a Jesús Gil, el polémico «*larger than life*» alcalde de Marbella. Gil venía a hablar de uno de los casos de corrupción que le asemejan cada vez más a los gobernantes latinoamericanos. No olvidemos que Marbella se ha transformado en un paraíso de nuevos ricos rusos y todo tipo de mafias. Yo estaba allí para hacerle compañía por petición suya, pues en más de una ocasión he calificado el estilo de vestir de su mujer como «único e irrepetible»; una ironía, que como suele suceder a veces, la aludida asumió como un cumplido.

—Hombre, hombre, hombre —repitió Gil para cerciorarse de que de verdad yo era el mariquita de la tele—. Tienes a mi mujer enamorada. Llego a casa y siempre me la encuentro pegada al televisor. Y no lo apaga hasta que tú te callas.

—Todo lo que decimos en el programa, lo hacemos desde el humor.

—Claro, claro. Es que con el humor no te das cuenta de que te han dicho hijo de puta hasta después. No hemos nacido ayer, Boris —me advierte el rey del sobrepeso, cuya presencia infiere un cierto miedo—. Quédate a ver conmigo el partido del Juventus contra el Milán. Hay un jugador que me interesa para el Atleti.

No me atrevo a revelarle que el televisor no emite otra cadena que Telecinco; que es un televisor corporativo sólo sintonizado con la propia cadena, así que no habrá partido. Gil no está solo. A su derecha se encuentran un abogado, a quien me presenta, y otro hombre del que no hace mención. Este hombre sin nombre, corpulento y de unos cuarenta años, coge el mando y pulsa una tecla con fuerza. ¡Maravilla! ¡No me lo puedo creer! Se descodifica la pantalla, vemos un montón de cuadraditos de colores y, de pronto, ¡milagro! en la Primera de Televisión Española un balón y veintidós hombres irrumpen en la caja. Concluyo que Gil y sus hombres son capaces de todo, desde descodificar televisores corporativos hasta crear realismo mágico allí donde vayan, por no hablar de juzgados que ora pierden un archivo ora encuentran una multa prehistórica.

—Siéntate, tranquilo, Boris. Imagino que te encantará el fútbol. —Pese a mi asumida valentía, me veo aceptando—. Están jugando fatal, sin ningún centro —comenta—. No están pensando en ese partido, ¿comprendes?, sino en otro. Como hace el Gobierno conmigo: me quieren allí, pero también les disgusto.

—¿Es cierto lo que dicen de las camisetas de su equipo de fútbol: que las ha utilizado usted como tapadera para negocios millonarios?

—Mi abogado puede explicarte todo esto en un abrir y cerrar «de gol», pero estos cabrones van a marcar un gol y quiero silencio.

Nadie se atreve a hablar. Mientras tanto, el abogado aprovecha para buscar algo en su cartera.

—Silencio, he dicho —reitera Gil.

No hay gol y veo un gesto de molestia contenida en el inmenso rostro del alcalde y propietario de un equipo de fútbol.

—¿Por qué no vas por Marbella, Boris? ¿Demasiado vulgar para ti?

De sopetón, interrogado por el mismo arquetipo de esa vulgaridad atribuida a un antiguo pueblo de pescadores. No hallo respuesta.

—Me robaron una vez allí —respondo sorprendido—. Un chico musulmán en una discoteca gay de nombre «Plátano Bambú».

—Eso lo explica todo. No pueden estar mezclándose las cosas de esa manera. Ése es todo mi problema con el Gobierno y con este país, Boris. Demasiada mezcla.

El surreal encuentro acabó con la llegada de la azafata para llevar a Gil a maquillaje.

—A mí no me pongan muchos polvitos, que me gusta hablar con la cara lavada —ordena Gil mientras se marcha.

Unos años después, en este mayo de 2001, regreso a ese salón Vips completamente solitario. La misma televisión emite nuevos programas de Telecinco y la bandeja de canapés me resulta más abundante que de costumbre. Suena el teléfono. Prefiero no responder: nadie sabe que estoy aquí. Pero el ring insiste y descuelgo: «Boris, te llaman de Porcelanosa».

Vuelvo a mirar la atmósfera surreal de esta zona Vips. ¿Quién y cuándo se inventó el término «Vips»?, me pregunto. Sé que tiene que ver con uno de mis títulos cinematográficos más queridos, *VIPS,* con Elizabeth Taylor y Richard Burton (ver *Morir de glamour),* pero nadie me ha explicado aún cuándo nació el *very important person,* si fue antes o después de la *jet set.* Tomo la llamada:

—Queremos invitarle —me explican al otro lado del teléfono— a la recepción que el príncipe Carlos de Inglaterra ofrece a Porcelanosa como agradecimiento a otra cena que nosotros le ofrecimos en los jardines de su palacio, Highgrove, en Inglaterra. Será en Castellón. En nuestra fábrica.

—Déjeme aclararme —suplico a mi invitante—. ¿El príncipe de Gales le agradece a Porcelanosa la fiesta que le disteis en su palacio, con otra fiesta en vuestra fábrica? ¡Qué raros son los ricos! Vaya manera romántica de acercar la industria a la nobleza.

—No olvide usted que el príncipe Carlos es un humanista —responde el invitante.

—¿Puedo preguntarle si el príncipe Carlos saca algún provecho económico de este ir y venir de fiestas de agradecimiento? ¿O va gratis a todas las fábricas que le invitan? —Escucho un montón de ruiditos, como grillos en la noche de porcelana.

—Vendrán muchos amigos y colegas suyos de comunicación —ofrece como única aclaración—. Me gustaría recordarle que la expectación creada por la fiesta es tal...

—Que se han quedado sin smokings en las tiendas que los alquilan. He leído algo de eso en la prensa —cierro yo la frase.

—Contaremos con Sofía Loren como invitada. Nos sentiríamos muy halagados también con su presencia.

Aparezco en Castellón a través de un viaje por tren desde Barcelona. Por tren: uno de esos inconvenientes que surgen en megafiestas como ésta cuando Iberia —siempre actuando como esa persona resentida a la que no invitan a ninguna parte— planta una huelga horas antes del evento. Durante el viaje reflexiono sobre Porcelanosa y otras multinacionales del país: Lladró (también vinculada a la porcelana decorativa y, por ende, inútil); Telefónica (que inunda de idénticas cabinas Miami, Valencia o Iquitos en Perú); y desde luego, el *¡Hola!* (que reina en Inglaterra bajo el saludo *Hello!* y en Francia bajo el muy *gipsy kings Oh la!*).

Suena mi móvil y es mi hermana desde Nueva York:

—Me ha dicho mamá que vas a una fiesta a conocer al príncipe Carlos.

—¿No te parece increíble? —le digo.

—Lo que me parece increíble es tu poca vergüenza, hermano. Tú que en el 97 organizaste vigilias en tu casa para velar a Lady Di. Y vas ahora, feliz, a darle la mano a su asesino.

—Su viudo. Ella murió en un accidente.

—¡Es su asesino, sabes lo que quiero decirte! ¡Y además cobra por ir a esa fiesta!

—Valentina, estás equivocada. Es una cosa de los ricos que tú y yo no podemos entender. Se agradecen las fiestas que unos y otros organizan en las casas de unos y de otros.

—Acepto que seas sarasa, pero no lameculos —vocifera mi hermanita—. Ayer en una fiesta de la *haute couture* birmana me dijeron que cobraría cincuenta mil dólares por ir y una fuente de estilo mozárabe que le van a poner en su palacio.

—En primer lugar, no creo que su madre le permita cobrar en otra moneda que no sea la libra esterlina. Y en cuanto a la fuente, estoy seguro de que quedará preciosa en Inglaterra, igual que el Partenón cuando se lo robaron a Grecia. —Mi hermana cuelga violentamente y me observo en la ventanilla al cruzarnos con otro tren. ¿Cómo saber si tu cara es la de un Vips y no la de un cabrón?

En la estación de Castellón noto la influencia del barro cocido como elemento de decoración urbana. Hay allí una especie de mariposa o gusano o serpiente de mil cabezas, que trepa por una de las paredes del edificio donde se lee «CASTELLÓN». Me gustaría detenerme en esa escultura de porcelana o de cerámica (no tengo clara la diferencia exacta entre una y otra. ¿Es porcelana el plato y cerámica el bidé?) Estoy seguro de que ninguna estación del mundo posee un adorno similar. Es, insisto, un animal extraño que quiere huir de esa pared y sin embargo se arrastra para siempre en su superficie. Y todo repleto de colores; colores imposibles de asociar a la cerámica o a la porcelana. Intensos amarillos, cobres brillantes, azules robados al mar, rosados de traje de quinceañera. Increíble. Seguro que de las cosas más auténticamente castellonenses. No olvidemos esa convivencia tan marcada con lo árabe, producto de un mestizaje que, como todos los mestizajes, no es del todo reconocido. Pero esa entrega al arte de la porcelana, tan chino y tan valenciano a la vez, tiene en Castellón una verdad completamente propia.

—Porcelanosa me ha enviado para llevarles hasta el hotel —dice una voz uniformada con un *blazer* de esos que los dueños de yate californianos regalaron al mundo en mitad de los años sesenta.

Subimos a una furgoneta, donde ya se encuentra un matrimonio: mujer muy alta y delgada, cubierta de productos Gucci y marido igualmente alto y delgado, con barba de personaje dikensiano y una larga pipa. «Amigos de Charles —se presentan—. Venimos disfrazados de Victoria y David Beckham.»

Castellón, como Madrid, Barcelona o Bilbao, se convierte en una autovía al cruzar una calle cualquiera y mi cerebro no deja de hacerse una gran pregunta: ¿por qué en una península de grandes playas, el presidente Aznar ha escogido Oropesa como su lugar de veraneo? Porque Oropesa, donde se encuentra la fábrica de cerámicas, es un cúmulo de edificios de no más de cinco pisos, señales que orientan a un puerto que nunca se percibe, un gigantesco hipermercado y una única construcción de doce plantas donde se lee «Hotel» en grandes letras tipo Las Vegas; pero, sobre todo, Oropesa es una sucesión de rotondas: ese invento para la distribución del tráfico del que España, al igual que con las máquinas para votar, es exportadora número uno en Latinoamérica. O sea, otra multinacional que no debemos olvidar. Y es curioso: de las mencionadas, tres están en la Comunidad Valenciana, *«che, collons!»*. A través del móvil, describo a mi hermana el paisaje, a medio camino entre la luna poblada y cualquier rincón perdido de Michigan o Minas Gerais.

—¿Y ahí vas a encontrarte con el príncipe Carlos?

—Bueno, hermanita, hay cosas en la vida que no puedes escoger.

—Con la educación que has recibido y ahora pirrándote por conocer un príncipe en una fábrica de *wáteres* —sentencia mi hermana, que, todo sea dicho, estuvo de acuerdo con el Frente Farabundo Martí de la guerrilla nicaragüense a principios de los ochenta, pero que también abrazó la fe católica en una ceremonia bautismal en la década siguiente.

Ya en la entrada del hotel cuelgo y siento un ligero temblor en el cuerpo. Mis compañeros me abandonan en el instante en que las clientas de una peluquería y de una farmacia me reconocen y se dirigen a mi encuentro. Sólo recaudo información sobre el sentir de las gentes acerca de la visita del príncipe de Gales: «El príncipe nos da igual. Queremos verte a ti», dicen con ese candor que la televisión, malévola, despierta en cualquier pueblo del mundo.

Logro entrar en el *lobby* del hotel y… me encuentro rodeado de todo tipo de animales fantásticos creados en la misma cerámica de volátiles colores. ¡Pero no sólo en los techos! Las patas de las sillas, de las mesas, enormes candelabros, picaportes, ceniceros, balaustradas… todo está realizado con ese material, en creatividad febril. «Estoy seguro, Boris, de que con su sensibilidad comprenderá el talento del pueblo de Oropesa», me dice alguien; lo que me obliga a cambiar el rictus de mi rostro de asombro tipo «encuentro en *El planeta de los simios*» a uno de «me encanta y es bellísimo». Pido mi llave y huyo hacia un ascensor que me habla con voz de R2d2.

Cuando al fin entro en mi habitación, una nueva creación de cerámica «persecutoria» parece moverse como los marcianos en la Casa Blanca de *Mars Attacks.* Una idea terrible cruza mi ya atribulada mente: ¡el cuarto de baño! Ese sacrosanto recinto de la cerámica en nuestras vidas, ¿cómo será aquí?

Recurro al espejo para verme antes de abrir la puerta, no vaya a ser que mi rostro cambie para siempre ante lo que descubra. Me veo menos cabrón que en el tren, treinta y cinco años, una cierta papadita y una ligera línea bajo mis ojos que me recuerda el abuso de copas y de otros productos la noche anterior en Barcelona. Abro la puerta y es... nuclear, un blanco similar al que estalla en *2001: Odisea del espacio* cuando el astronauta cruza los tiempos, traspasa el pasado y termina en un futuro más futuro y resplandeciente. El WC, adonde me dirijo pestañeando, tiene vida propia, como si alojara al mismísimo Dios de la Porcelana. Tomo un vaso de agua, enciendo el televisor y dos noticias sacuden el telediario. La inesperada muerte del duque de Alba, marido de la gran Cayetana, y el estallido de un coche bomba en la calle Goya de Madrid. Llamo de nuevo a mi hermana:

—Castigo de Dios por ir a una fiesta con un príncipe asesino.

—Valentina, él no la mató. Fue un accidente de tráfico.

—Pero la condujo a ello —ataca mi hermana—. ¡Ojalá suspendan la fiesta y te quedes sin conocerle!

Como suele suceder cuando hay un atentado, los programas de información rosa adquieren un aspecto serio.

Pero esta vez, además, ha muerto el cónyuge de una de las más preciadas exponentes del papel *couché:* una Grande de España con más títulos que la propia reina de Inglaterra. Sin darle importancia a las víctimas del atentado, las presentadoras y colaboradores de estos programas ven la defunción del duque como fallecimiento de un familiar cercano. De hecho, en una televisión la colaboradora se desploma vencida por el dolor terrible que siente y la presentadora le acerca un vaso de agua. Desconsolada tiene que retirarse del plató, mientras otra colaboradora entra con el móvil en la mano portando lo que ella llama «noticias frescas de la casa de Alba» y un «dolor todavía más profundo, porque se confirma que la duquesa no sabe aún que su marido ha muerto». Me encuentro yo mismo delante de la pantalla lanzando un «ayayay» solidario y morboso. Veo el móvil y me asusto al comprobar que mi hermanita tiene poderes. Pero llaman de recepción:

—Señor Boris —que me encanta—. Es sólo para confirmarle que el bus pasará a buscarles a las siete y media. La recepción al príncipe Carlos comenzará exactamente a las ocho en punto.

—Acláreme, algo: la recepción es «del» príncipe Carlos o «para» el príncipe Carlos.

—Mire, sólo soy una recepcionista. No entiendo esas cosas de los ricos. Escapan a mi triste realidad.

—Al menos dígame si el atentado o la muerte del esposo de la duquesa de Alba cambiarán el protocolo de la fiesta.

—¿Usted teme que cancelen la fiesta, verdad? —pregunta, cómplice, rodeada de cerámicas coloreadas.

—Pues, sí. Entiéndame: es la primera vez en mi vida que me invitan a algo tan importante.

—Hombre, depende de cómo lo vea... porque ¡anda que no irá gente importante al funeral del marido de la duquesa!

—¡Qué horror, pensé que usted sería más solidaria con el dolor de la duquesa...!

—¡Pues, qué quiere que le diga, en Castellón no estamos nada contentos con que el duque escogiera para morirse precisamente el día de hoy: un día tan importante para nuestro producto interior bruto.

Siento un impulso de llamar a mi hermana. Y lo hago. Le cuento lo ocurrido.

—¡Sal de ahí inmediatamente! ¡Ese príncipe es gafe!

—Pero, Valentina, no puedo quedarme sin ver a la Loren. Y la fuente.

—En esa fiesta todo está equivocado. ¿Qué hace España regalando una fuente a un príncipe inglés?

—Bueno, también le regalaron Florida a los Estados Unidos.

—¡Estoy avergonzada de ser tu hermana! —Y cuelga.

Subo al bus que lleva a todos los «compañeros de profesión» invitados a la cena. Desde niño he tenido una especial inclinación por dividir la vida en sectores profesionales. Por ejemplo, los arquitectos son insoportables, mesiánicos, nunca se sabe si son gays o *straight* y les gusta en demasía la música brasileña y el jazz como para ser buenos amantes. La gente del cine son delincuentes callejeros que constantemente están inventado delitos falsos para entorpecer la carrera de sus compañeros. Sea invierno o verano, visten como si una tercera guerra estuviera desatándose en Siberia. Los bailarines hacen muecas entre ellos como único lenguaje posible. E incluso en una cena familiar, estiran las extremidades en posiciones increíbles con una normalidad inexistente. Los pintores beben y escupen y pelean por cualquier cosa. Los escritores no se hablan entre ellos, a menos que sean amantes y lo hacen para poner en jaque la relación.

Pero un bus poblado de cronista sociales, de cotillas de televisión, todos de camino a una cena con el príncipe de

Gales, y, para más inri, el mismo día en que ha muerto un duque y hay un nuevo atentado etarra... es demasiado para un solo hombre.

—Muy bonito el smoking —me dice uno de ellos—, pero te has cosido el botón central con hilo rojo. ¡Qué extravagancia!

—Lo hace para llamar la atención. ¡Siempre tiene que ser el diferente! —comenta otro con camisa de smoking y botones cubiertos por esos apliques de rubí que se suponen elegantísimos en el varón que los porte.

—Es que se me cayó este botón en la fiesta de Armani en Bilbao y no me he dado cuenta hasta ahora —respondo.

—¡Ella siempre tan divina! Perdiendo botones con Armani...

Nos interrumpe un «ayayay» tremendo, como si alguien hubiera roto su smoking al sentarse en el bus. Es otro compañero de profesión que acaba de enterarse de la muerte del cónyuge de Cayetana de Alba.

—No, no, por Dios, decidme que no es verdad —clama y nadie le responde—. Mi Cayetana, mi pobre Cayetana, qué dolor, cuánto dolor —continúa.

Otra compañera de profesión se le acerca y le espeta:

—Tú que tienes tu propio programa de radio, ¿y es ahora cuando te enteras? Guarda las formas, maricón, que estamos todos aquí.

El bus arranca, exactamente, a las ocho menos cuarto. Me siento en primera fila, junto a un compañero rubio, alto y delgado que se niega a despojarse de sus gafas de sol. Apenas ocupo mi plaza, sus hermosas manos rozan mis pantalones.

La fábrica de la multinacional Porcelanosa es lo más parecido a una ciudad del futuro, en pleno 2001. Un inmenso cubo blanco alberga una construcción digitalizada. Mientras avanzamos hacia el área reservada para la fiesta, observo una grúa sin conductor que levanta con enormes tenazas un paquete de tres baldosas y las dirige hacia una cinta portadora donde manos invisibles atan sobre ellas un lazo de plástico potente. El triunfo del neoliberalismo: fábricas sin obreros.

Alrededor del área reservada se congregan dos tipos de personas: las gentes de Oropesa, en menor cantidad que los que se arremolinaron en Bilbao, y los fotógrafos de trescientos medios vinculados a la información «rosa». Los primeros gritan mi nombre. Los segundos me ignoran. Y yo entro a la fiesta donde ninguno de ellos está invitado.

Una vez más, soy el primero en llegar. Y lo que me encuentro es un espacio malva, flanqueado por unas columnas cubiertas por mosaicos diminutos como baldosas de ducha del mismo tono liláceo. En el centro de esta enorme antesala se levanta una pirámide invertida, sobre la cual gira una orquesta de soul, jazz y hasta hip hop. Londres en la noche... es la definición que salta a mis labios. Debajo de la banda, alrededor de la pirámide, hay un bar con camareros demasiado rubios y demasiado rosados para ser castellonenses. Son camareros importados por nuestro príncipe anfitrión. Algún que otro moreno/a le dan un aspecto globalizador. Se sirven copas de cava y de *champagne* inglés: el que toma la familia real. *Gin tonics, whiskies* y una bebida completamente rosada, o «color cangrejo» como apostillaría mi hermana, que los españoles nos empeñamos en desconocer, pero que causa furor en Londres y Nueva York: Cosmopolitans.

—*These are Cosmopolitans, aren´t they?* —pregunto al camarero.

—En efecto, Boris —me responde en perfecto español—, eso son.

—¿Los ha pedido el príncipe Carlos? —vuelvo a preguntar.

—Creo que sí.

—¿No será la bebida favorita de Camilla? —indago.

—No estoy autorizado a responder esa pregunta.

Me alejo repitiéndome que soy un desastre como cronista social gay por intentar ligar con camareros en fiestas de postín. Mi hermana siempre me lo ha reprochado. Incluso en su boda. Pruebo uno de los Cosmopolitan y, como me temía, tiene ese sabor típico a cóctel de solterona americana.

El espacio va llenándose y empiezan a oírse los ayes de admiración. «Minimalista», se escucha decir y observo a mis compañeros de profesión aplaudiendo el erróneo adjetivo. No es minimalista, es malva y amplio. Y es sólo la antesala de lo que vendrá, la auténtica cena. De igual manera, reflexiono, en voz alta, sobre el arraigo que la palabra «minimalista» ha tenido en España, un país donde todo es extremo. «Por lo mismo, tonto. Siempre hemos sido minimalistas», me dice una señora de cuyo cuello cuelga un ramillete de rubíes, zafiros y diamantes que me recuerdan la bandera norteamericana.

La muchedumbre se abre en dos, exactamente como cuando Moisés separa las aguas del Mar Rojo, y el príncipe Carlos avanza con una mano en el bolsillo derecho de su smoking y con un perfecto vaso de *whisky on the rocks* en la otra.

—Me encanta el gesto, porque viene a simbolizar que se siente en casa, que es su fiesta, pero sobre todo que es nuestra fiesta —agrega la señora de las joyas.

Detrás del príncipe Carlos aparecen las hijas del fallecido dueño de Porcelanosa, a quien —acabo de enterarme— se dedica la cena. En este momento todas las informaciones cruzadas de la cena encuentran un eje: el finado propietario de Porcelanosa quería ofrecer al príncipe Carlos un regalo importante (verbigracia, la fuente) en agradecimiento a que éste, el príncipe, hubiera permitido el hecho extraño de que Porcelanosa le dedicara una fiesta en su propio palacio. ¡Ay, Dios, qué lío! Entre tanta información y agradecimiento cruzado, nadie podía imaginar que el dueño de Porcelanosa perecería en un trágico accidente de tráfico. Por tanto, esta cena adquiere ahora un nuevo matiz.

Siento la imperiosa necesidad de llamar a mi hermana y volver a contárselo todo. «¿Sabes que te digo, Boris? Me está entrando yuyu con esa fiesta. ¿No te das cuenta de que el dueño de Porcelanosa y la princesa de Gales murieron de la misma forma y ambos han estado relacionados con el príncipe Carlos?» Prefiero colgar; algunos compañeros de profesión me miran con desdén por llevar un móvil a una fiesta de tronío.

De nuevo en la antesala, el príncipe sigue sosteniendo su copa de whisky, mientras un grupo de empresarios del barro valenciano agitan sus cuellos y mueven las manos como si estuvieran a punto de bailarle una bulería fuera de lugar. Una mano me sujeta. Es ese hombre de esbeltez dikensiana junto a su esposa, convertida ahora en un anuncio andante de la firma Gucci. Los falsos Beckham. Él habla en perfecto castellano, cosa que no deja de sorprenderme, pues en la furgoneta lo hacía con un deje británico que, de tan sospechoso, resultaba completamente real.

Mi mano se estira sola y quien la recoge es Charles. ¿Recuerda, querido lector, esa instantánea de Marilyn Monroe, junto a su entonces marido Arthur Miller, saludando a la madre de Charles durante el rodaje en Inglaterra de *El príncipe y la corista?* Pues «ésa» era yo: intentado aparecer serio y que ninguno de mis mohínes de gay televisivo traicionara la seriedad de este momento. Y lo primero que noté es lo increíblemente rosado que es el príncipe de Gales. Cuando digo rosado, es rosado como una loncha de buen jamón york; es ese rosado y no ningún otro.

El caballero dikensiano adopta su acento británico *and introduces me:*

—Este joven ha conquistado España con sus divertidas opiniones en un programa de televisión.

—¿Televisión? ¿*Really*? —dice el príncipe de Gales. Y agrega—: ¿Cómo definiría su programa?

—Como un carnaval de opiniones, alteza —respondo acompañando con esa sonrisa que Preysler pone al final de todos sus comentarios.

—¡*Interesting!* En Inglaterra la gente a veces opina demasiado —lanza acompañado de una carcajada real. Todo el mundo le emula.

—Me gustaría hacerle una pregunta, alteza.

Se crea un silencio tremendo.

—¿Desde cuándo bebe Cosmopolitans?

Alguna persona se lleva las manos a la cabeza, pero el príncipe de Gales me mira directamente a los ojos: ojos de un azul sólo comparable al de las porcelanas inglesas; piel de un rosado irrepetible y completamente auténtico, como si su sangre hubiera sido mil veces lavada; dedos gruesos y fuertes, pero en ningún momentos toscos. Pobre Diana, ahora la comprendo. Es imposible no enamorarse.

—Son mis hijos y... bueno, nuevas personas que voy conociendo —admite con una franqueza enternecedora. Escucho la hiel de mi hermana: «asesino, la engañó para quedarse con la vieja». Y esbozo una sonrisa—. Es una bebida muy años cincuenta —continúa el príncipe. Todos los que se arremolinan atienden como si se estuviera describiendo la influencia isabelina en los sonetos de Shakespeare—. Y, en definitiva, todo lo que transpira un sabor años cincuenta es de gran atractivo en Gran Bretaña. ¿Sucede lo mismo aquí? —me pregunta directamente.

Evado la respuesta. Para los españoles los años cincuenta no son *Cadillacs* de color rosa ni bebidas con nombres de revista. Más bien todo lo contrario: una década de rígida censura, de trajes grises y de señoras vestidas de negro.

—¿Le gusta el cava? —desvío la conversación. Los Beckham me observan con admiración. He aprendido de las grandes damas de la sociedad caraqueña a reconducir una conversación sin rechistar.

—Adoro el cava y el besugo. Lo mejor para mí. —Se despide el eterno heredero a rey.

La falsa señora Beckham estrecha mi mano:

—Lo hace mucho mejor que en la televisión.

Se inicia otra revolución: la llegada de Ira de Fürstenberg, Carmen Martínez-Bordiú e Inés Sastre. Embargado por mi éxito en el diálogo con el príncipe, me acerco parsimonioso a Ira de Fürstenberg.

—Señora, sólo quiero decirle que desde niño he sentido mucho cariño por usted —Ira, mi ídolo infantil, no me mira: hace un gesto con el mentón y con los labios y me ofrece su espléndida nuca mientras saluda a lo lejos.

Siento la obligación de explicar por qué esta señora fascinó toda mi infancia. Pues bien, ella visitó Caracas en los años setenta y todas las páginas de sociedad se poblaron con su rostro de regordeta del espacio. Sí, yo la veía como a una astronauta que ninguna nave espacial quería alojar y por eso iba de ciudad en ciudad, de país en país, sonriendo a diestro y siniestro. Como símbolo sexual, la princesa Ira de Fürstenberg hizo sus incursiones en películas hoy extraviadas, y eso la volvía más apetecible a mis ojos de niño precoz: una princesa díscola, un poco gordita, pero sexy. Todo lo que en el fondo he deseado ser.

En los ochenta reapareció estupenda, cuando se la relacionó con el príncipe Rainiero como posible sucesora de la fallecida Grace. Y en mi propia locura sociomitómana, hice votos para que así fuera. Pero todo eso se vino abajo cuando la princesa Margarita, tía del príncipe de Gales, sentenció que «Ira es demasiado mujer para un principado tan pequeño». Y no hubo boda con Rainiero e Ira adquirió para siempre este rictus, un tanto despreciativo, hacia mariquitas atrevidas en fiestas de la alta sociedad. Creo que el rictus no es por homofobia; más bien es el gesto de una mujer condenada a ir sólo a fiestas.

Carmen Martínez-Bordiú tomó mi brazo.

—Ira, ¡debes conocer a Boris! ¡Tiene un programa de televisión!

Ira al fin me miró, sin mover ni labios ni mentón. Por su mirada supe que el rictus sí es producto de una homofobia casi tan ancestral como su propio título.

—Pero ¿qué pasa en España, Carmen, que todo el mundo tiene un programa de televisión?

Solos, Martínez-Bordiú y yo, iniciamos una conversación sobre su atuendo. Recostada contra la barra, la veo envuelta en la túnica asimétrica de un jersey negro que la desnuda al tiempo que la cubre.

—Galliano —dice ella, con una solemnidad que me recuerda a su abuelo. O, peor, a Primo de Rivera. Se refiere al diseñador de su traje, oriundo de Gibraltar, hoy por hoy convertido en diseñador de Dior y favorito tanto de la infanta Elena como de la nieta de Francisco Franco—. Porque tú sabes, Boris, que a mí el Galliano que me gusta, que me chifla, es ese Galliano que deja a Dior y se va, se va, se va, se va y se va, se va, se va y se va, se va… —dice, haciendo que su voz, como un mantra maravilloso, cree unas olas en las que, eso, irse… ¿pero hacia dónde?

—Es una asimetría divina —digo, adoptando la cadencia que adquieren estos diálogos en fiestas como las de hoy.

—Y una transparencia, Boris. Una transparencia importante. Me han acribillado a fotos en la puerta porque llevo el culo prácticamente al aire.

—Ya —exclamo—. Se va, se va, se va efectivamente.

—Dirán de todo. ¡Si mi abuelo se levantara de su tumba! Aunque es igual, yo siempre he hecho lo que he deseado en ese momento.

—Y ahora es el «se va, se va, se va...».

—Sí —dice ella—, es el Galliano que me gusta.

Vuelvo a recibir esa señal de desvío de tópico. Y le comento que en Casablanca han prohibido una retrospectiva del pintor tan querido por su abuelo y su régimen, Romero de Torres, porque se exhiben mujeres en plan «se va, se va», pero en vez de nalgas, son senos.

—Mi madre tenía dos Romero de Torres. Divinos. Pero los vendió, imagino que por una pasta —me dice con un coloquialismo que le sienta muy bien—. No sabía dónde ponerlos. Eran de hombres, curiosamente, porque Romero es más bien de mujeres medio desnudas. Me decía: «Carmencita, no los puedo poner en el salón ni en el comedor ni en el dormitorio».

—¿Eran un regalo del propio pintor? —pregunto.

—Mi abuelo jamás nos permitió aceptar regalos —pronuncia.

Juntos abandonamos la antesala y nos dirigimos a la cena. Presyler ha llegado y Sofía Loren también. Y mientras Martínez-Bordiú se desliza con su traje de transparencia insinuante, pienso en su infancia. ¿Será un truco tremendo de todos los que conocieron el poder despertar conmiseración en los que jamás lo hemos tenido? ¡Una infancia sin regalos! ¡Cómo son de duras las dictaduras!

Continuamente atacada por la prensa inteligente, Martínez-Bordiú es una mujer contradictoria. Nieta de caudillo e hija de médico-marqués (que es una combinación muy de verdad alterada: cada una de las dos es una profesión complicada, ser las dos al mismo tiempo resulta heroico), se divorcia de un duque que pudo llegar a ser rey y lo abandona todo para irse con un anticuario de París.

Pierde un hijo en un accidente de circulación y al padre de ese hijo, el duque de Cádiz, en un guillotinamiento moderno descendiendo una pista de esquí en Colorado, Estados Unidos. En sí misma, toda su existencia es otra verdad alterada, o al menos una vida con una realidad que parece robarle ideas a la mejor ficción. Claro que habrá quienes defenderán que las vicisitudes de su existencia no la hacen menos representativa de una dictadura mediocre y cruel como cualquier régimen totalitario.

Conforme avanza la noche, con su transparencia «se va, se va, se va», Carmen va adquiriendo el aspecto de una extraterrestre superviviente. ¿Superviviente de qué? Imagino que de un país y de una circunstancia. También de una sombra, la del abuelo, que al contrario que su traje, no termina de irse, irse, irse.

Preysler se gira para saludarla; son amigas, como se sabe, de toda la vida. Ambas tienen cincuenta años y parecen mujeres de poco más de treinta.

—He leído en una revista de la *high* de Valencia que ésta es la primera generación de cincuentonas que plantan cara al tiempo —me comenta una señora que tiene todo el aspecto de ser personaje fijo de las páginas de la revista mencionada. Un cruce entre ejecutiva neoyorquina y fallera de visita en Terra Mítica

—¿No se hacía antes? —pregunto.

—¿No me estás viendo, niño? Yo a los cincuenta me eché a llorar, porque esperé hasta la menopausia para la primera cirugía. La Preysler y la Bordiú, en España, y Susana Giménez y Nacha Guevara, en Argentina, están cada día más jóvenes. Y según esa revista es porque han estado haciéndose retoquitos desde los veintiocho.

—¡Entonces Inés Sastre ya está para la primera operación! —exclamo exaltado.

—Por favor, Inés Sastre tiene veintiocho años desde hace veintiocho años —me dice la señora, jugando a ser la mala de la fiesta. Me alejo confirmando que la gente de Castellón dice lo primero que piensa. ¿Será ése el motivo por el que le gustaba a Aznar venir aquí?

El lento cortejo que formamos camino del comedor se detiene cuando las hijas del dueño de Porcelanosa y el príncipe Carlos hacen parada a su vez delante de la fuente-regalo. Una vez más, todo es confusión: en vez de ser las hijas quienes explican el regalo, es el príncipe quien da detalle de cada mosaico, cada chorrito de agua, cada color andalusí elegido para la pieza ornamental. Y las hijas, un tanto atónitas por la hasta ahora desconocida vena pro-mozárabe de un heredero a la corona inglesa, intentan seguir su erudición.

Alguien murmura a mis espaldas.

—Seguro que esto lo habrá aprendido de esos árabes que vienen escondidos en el eurotúnel.

Y otro dice:

—A lo mejor lo aprendió en Harrods con el papá de Dodi.

Asustado, consigo girarme para interrogarles.

—¿Sois de Castellón?

—Sí, de pura cepa, ¿pasa algo? —dice uno de ellos.

Sin duda, Aznar y Ana Botella tienen que ser personas de cuero fuerte. El mes de verano que pasaban acá debía de ser agitadísimo.

Reanudamos el camino. De una de las esquinas emerge Sofía Loren, alta, toda de negro, Armani, por supuesto, pero que a ella, y a su edad, le da apariencia de matrona siciliana, seria, vigilante de ese Mediterráneo que puede tragarse a su hombre o devolverle caracolas con las voces de Aquiles en su interior. Se aproxima a Charles como si fuera una segunda madre para un hijo que parece mayor que ella.

Los fotógrafos crean una pequeña muralla delante del lugar de la cena. Y fotografían a dos viudos que únicamente la verdad alterada puede unir: ella, la reina de un Hollywood que es recuerdo, mujer de un productor mítico que unió las orillas del Atlántico gracias al cine. Él, el príncipe que nunca reinará, ahora devenido en rey para fiestas de apariencia cinematográfica. Y, según mi hermana, el culpable de la muerte de una princesa engañada.

Tras el *flash,* los dos avanzan hacia el espacio absolutamente blanco donde discurrirá la cena. Me quedo detrás para verlos deslizarse por un sitio que nunca más volverá a ver príncipes o reinas de la gran pantalla. Esa fábrica de cerámicas, con grúas sin conductor recogiendo lozas y depositándolas en cintas sin operario. Las cintas avanzando hacia el infinito, en su ruido silencioso, como los pasos elegantes de estas celebridades que se pierden en el blanco espacio de la cena. Una vez más, tengo delante de mí la verdad alterada. Una cena de gala en una fábrica ultramoderna. Invitados con vidas trágicas, aburridas o soporíferas. Infancias sin regalos. Años sin fecha en los rostros. Grandes diálogos. Pequeñas verdades que se van, se van, se van...

CRÓNICA CINCO

MI OSCAR EN EL WC

© EFE

El Oscar celebra más que el acto, el éxito mismo. Y más importante que ganarlo, en el mundo de la verdad alterada, es saber agradecerlo con una frase ingeniosa. Almodóvar no respetó las reglas y propició la creación de un nuevo género de profesionales en España: expertos en cómo debe agradecerse un Oscar. (En la foto, Russell Crowe sostiene el suyo como una prolongación de su virilidad)

Encima del bidé de mi cuarto de baño reposan una serie de revistas: *Mens Health, Zero, Shangay, Vinos y Licores, Eps*. Y un *¡Hola!*, generalmente muy antiguo. Esta semana pernocta allí uno de marzo donde comparten portada la entrega de los Oscar y el Baile de la Rosa. ¿Dónde más compartirían existencia estas dos grandes celebraciones? ¿No le gustaría, ni por un segundo, creer que la vida consiste en las diferencias que ambos espectáculos encierran?

Empecemos por el Baile de la Rosa, una fiesta menor que busca recaudar fondos para instituciones benéficas instaurada tras el advenimiento de Grace Kelly al Principado de Mónaco. Se repite (porque en efecto ha dejado de «suceder») cada año en fechas cercanas a la primavera en ese lugar completamente alterado que es Montecarlo. No se entregan premios. Al contrario, se paga por degustar una cena que siempre incluye faisán, salmón y caviar en distintas combinaciones que disimulan su indigestión. Se cuenta con la familia real del Principado como estrellas de la velada y en los últimos años también con unos invitados momificados. Hojeando el *¡Hola!* de mi bidé, presiento que sus días están contados. Porque Shirley Bassey, Roger Moore, Gina Lollobrigida y la hermana del príncipe Rainiero, la sempiterna princesa Antoinette, resultan luminarias abandonadas a su suerte. La princesa Antoinette, por ejemplo, lleva seis Bailes de la Rosa vistiendo el mismo modelo de capas de organza en unos colores que ya han perdido brillo. Y Carolina y Estefanía, luchando por no parecer decrépitas, son como grandes vampiras repitiendo un aquelarre que ha dejado de hacerles gracia.

El *¡Hola!* se mantiene fiel al Baile y continúa otorgándole de cuatro a seis páginas cada año. Sin embargo, por esas horribles coincidencias de las fiestas, desde que en los Oscars aparecen otros nombres españoles (Penélope, Antonio, Pedro, Javier) la revista se ha visto obligada a aunar ambos eventos en el mismo número. ¡Con la de fechas que hay en el calendario y estas mega *parties* suceden en la misma semana a ambos lados del Atlántico! «¡Mierda!», deben pensar los editores del *¡Hola!* Sentado en el WC de mi baño, le doy vueltas y vueltas a esta convivencia que sólo España puede propiciar.

—Pero bueno, ¿ya estás con lo de que España es diferente? —me dice mi amiga, a la que llamo desde el móvil.

—Cariño, eso fue un eslogan de este país: *Spain is different.*

—Vale, vale. Pero, por favor, nadie le presta atención a esos detalles. ¿Es de verdad importante descubrir que ese baile de Mónaco y los Oscars aparecen en la misma portada? —pregunta inquieta.

—Tiene un sinfín de referencias cruzadas, cariño. En primer lugar, la madre de esas tres princesas de Mónaco…

—Dos, siempre han sido dos, Boris... —interrumpe mi amiga.

—Si Alberto no es Princesa, yo soy médico, ¿entiendes? —aclaro a mi amiga y prosigo—, la madre de ellas tres es Grace Kelly, que permítome recordarte fue una de las legendarias actrices de Hollywood.

—Con sólo tres películas, ¿no?

—No, ése fue James Dean, que también iba para princesa, pero se murió a tiempo. Grace habrá hecho unos seis títulos importantes. ¡Y ganó un Oscar!, inmerecido, como casi todos los Oscars, por un filme que las televisiones autonómicas ponen cada tres meses, *El cisne,* donde interpretaba casualmente a una princesa —me explayo.

—Me está entrando yuyu con tanta coincidencia —dice mi amiga.

—Pues no acaba aquí la cosa. En pleno apogeo del Baile de la Rosa, con Grace viva, las figuras que asistían eran Cary Grant, Sinatra..., hasta llegar a Brooke Shields, por citarte algo más o menos próximo…

—Dios mío, ¡no me digas que Brooke Shields ha ganado un Oscar, porque me suicido ahora mismo! —exclama.

—No. Aunque es curioso que uno casi nunca se acuerda de quién ganó el Oscar del año anterior, ¿verdad?

—¡Es que empieza tan tarde! —dice mi amiga, bostezando—. La única vez que me apunté a la televisión de pago que lo transmite y lo vi entero, mi jefe estuvo a punto de despedirme al día siguiente.

—Es una de las tragedias que tenemos los europeos: el horario de la Costa Oeste en Norteamérica es completamente inoperante. Desde que vivo en este país, tengo mono de la ceremonia de los Oscars —confieso a mi amiga.

—Bueno, pero tienes los Goya —dice ella.

—Oh, por Dios, ¿y estás hablando de que te dan yuyu las coincidencias entre el Baile de la Rosa y los Oscars?

Cuanto más veo el show de los Goya más me gusta *Médico de familia*, por no hablar de las repeticiones de *Verano azul*.

—Eres cruel. Es cierto que son unos premios que celebran justo las películas que nadie ha visto o que a ninguno le han gustado, pero tiene sus puntos.

—Que Rosa María Sardá debería ser su presentadora cada año, por ejemplo. Pero la Academia que los organiza no lo ve así —cito.

—Estuvo muy bien cuando el Príncipe acudió y se sentó con Aitana Sánchez Gijón. Hacían una pareja divina —continúa mi amiga.

—¡Si no hubiera sido porque Aitana no dejaba de arreglarse el escote de su vestido!

—Si llevas un traje palabradehonor al lado de un príncipe heredero, ¡lo que tienes que hacer es mostrarlo continuamente! ¡Recuerda a Diana de Gales! ¿Qué llevaba en la primera salida oficial con *Prince* Charles?

—Un palabradehonor —le digo.

—¿Y quién estaba con ella en ese momento histórico, como dirías tú? Grace, ¡la mismísima Grace! Por fin te he ganado una —grita, exultante, mi amiga, mientras yo me hundo en malos pensamientos sobre la memoria de las amigas, sentado en el WC de mi baño.

El Oscar es una meta. El premio a una industria que ha conseguido dictaminar nuestros sueños. Un trofeo no tanto al talento sino a algo mucho más inasible: el carisma. Un galardón que celebra más que el arte, el éxito mismo. No existe mejor premio que el Oscar. Y sin embargo, una vez que lo tienes en tus manos no has de extenderte en agradecimientos (como le sucedió a Almodóvar) porque el alma real del Oscar es la televisión. La televisión retransmite la entrega al mundo entero y la convierte en el espectáculo más grande del siglo XX. Pero en la televisión, ya se sabe, el tiempo es dinero. Esta limitación, sin embargo, le ha ofrecido al show la posibilidad de crear un nuevo estilo: el del humor rápido y la frase ingeniosa que después será titular en los periódicos del día siguiente. Lo que, a su vez, ha dado lugar a una segunda competición: no sólo cuenta conseguir la estatuilla, también hay que superar a los otros ganadores en la manera de recogerla, dar las gracias y llevársela a casa.

—Ah, y no te olvides de cómo vas vestido... porque a los americanos, que, por cierto visten fatal, les enloquece comentar y analizar las ropas —continúa mi amiga.

—Sin embargo, en los Goya todavía no existe ese tipo de interés. ¿Será porque los europeos visten mejor que los americanos?

—Bueno, es que nuestros actores, la gente de nuestro cine, van un poco… a su aire, ¿no? —soslaya mi amiga, que tuvo vocación de actriz en un momento de los noventa.

—A veces pienso que los Goya son más un homenaje al talento de la diseñadora Sybilla que una entrega de premios cinematográficos.

—Quizá se deba a que la generación que ahora triunfa se siente identificada con los trajes de Sybilla.

—Sí, seguramente algunos creen que si llevan el traje-túnica de la diseñadora se salvarán de las críticas. Los actores españoles, como el resto de sus compatriotas, viven aterrados por la crítica —sentencio.

—Vale, vale. ¡Pero es que en los Oscars también ves cada cosa! Björk, vestida de cisne, con un animalejo colgándole del cuello…

—Lo encontré divino. A mí me encantaría que alguien hiciera algo así en los Goya.

—Mucho me temo que sólo podríais hacerlo tú o Carmen Alborch —apunta ella.

Volviendo a Hollywood, el discurso de agradecimiento de un Oscar es casi más importante que ganarlo.

Almodóvar se equivocó agradeciendo el de *Todo sobre mi madre*. Y el país culto (catalán, vasco o castellano) se lo criticó de una manera cruel; aunque ya sabemos que España mantiene una compleja relación amor-odio con la crítica. En este sentido, siempre he creído que el concepto «crítica constructiva» se gestó en España y que forma parte —junto con la envidia, la rumorología y el cotilleo— de los valores que ha exportado al iberoamericanismo. Sin embargo, la crítica constructiva es una completa verdad alterada: no existe, es imposible. Nada es constructivo en una crítica. Al contrario, es destrucción. Se critica, no para mejorar, sino para aniquilar, o al menos para poner en duda algo. Y esto no es otra cosa que el discurso de la doble moral, propio de un país católico como España; un país que se niega a asumir la destrucción como valor y se inventa el sintagma «crítica constructiva» con el que disimular el pecado, aunque a fin de cuentas dicho pecado cumpla con sus objetivos nihilistas.

Almodóvar se plantó ante el auditorio mundial y, frente a todo pronóstico, se vio obligado a ejercer de Pedro Almodóvar: un papel que nunca antes había interpretado. Intentando montar un «*latin show*» en el epicentro de la industria transculturizadora por excelencia, empezó diciendo que su país era un país diferente y religioso. Y entonces se lanzó a agradecer su Oscar a una impresionante retahíla de santos y vírgenes; todo un santoral que la hipócrita y pecadora comunidad hollywoodense ni siquiera pudo asociar al célebre «código Hays» que en los años treinta servía de rígida censura, no sólo para las películas, sino para las vidas privadas de actores, guionistas, directores y productores. De una manera vergonzante, Banderas y Cruz, *hispanic Hollywood stars*, tuvieron que sacarlo del escenario.

A partir de ahí, España se erigió en la primera nación experta en cómo agradecer un Oscar.

—Perdóname —dice mi amiga—, pero lo que hizo fue una españolada: hablando ese idioma que nadie sabía cuál era. Y, perdóname de nuevo, pero ya tenemos una experiencia en ganar Oscars. Fernando Trueba lo hizo genial cuando lo recibió por *Belle Époque.*

—Trueba dijo que él no creía en Dios, sino en Billy Wilder. En cierta manera —le comento a mi amiga—, lo único que queda claro en todo esto es que los españoles, al menos sus directores cinematográficos, tienen un conflicto con la educación religiosa.

—O que los curas les molestaron siendo chiquillos —remata mi amiga.

—Y el discurso de Garci, ¿lo recuerdas?

—No. Es que fue en 1983 y en el año anterior habían pasado muchas cosas. El triunfo del PSOE, el Mundial... Y encima ese Oscar. En España, o no tienes nada o lo tienes todo. Porque no deberíamos olvidar el Oscar de Rovira Beleta por *Los Tarantos*, que fue..., ay, no me acuerdo...

—Pero sólo son cuatro Oscars en el cine español. Y eso no puede hacerte experto en cómo recogerlos, porque cada vez los ha agradecido una persona diferente. Creo que no hay que ser tan severo con Pedro.

—¡Una vez más la culpa la tiene el palabradehonor! Recuerda que Penélope (Cruz) llevaba uno. ¡Y también tenía que sujetárselo todo el tiempo! Empiezo a pensar que son gafe.

—Si quieres que te diga algo —exclamo vía telefónica como si estuviera mirándola a los ojos—, creo que, de haber tenido un Gobierno menos conservador que el actual y más afín al pensamiento almodovariano, las críticas hubieran sido más reducidas. Con o sin agradecimiento, la consagración del Oscar molesta de por sí a un país donde todo éxito va acompañado de fracaso. Pero molesta mucho más si consigues la estatuilla con una película en la que el sida, el transexualismo o el deseo de amar respiran la misma intensidad y no sufren ningún tipo de castigo moral. Puede que sea una opinión algo sectaria, pero a través de esta polémica se logró castigar la libertad, el desenfado y la emoción de un melodrama que refleja todo aquello que a los conservadores les disgusta: que puedes ser tú mismo sin necesidad de dogmas paralizantes.

—Espera un momento que me entra otra llamada —dice mi amiga.

Durante la pausa, siempre en el WC, continúo reflexionando y me pongo a recordar la fiesta que Canal Plus organizó la noche del Oscar Almodóvar en el Casino de Madrid: un edificio que no posee nada de almodovariano, pero que quizás tenga ese punto de *grandeur* europeo que Hollywood asocia a la Ópera de París o los bajos de la torre Eiffel. En un inmenso salón-comedor pululaban diferentes personajes asociados o supervivientes del universo Almodóvar; el más evidente de los últimos, Fabio MacNamara, con quien el director manchego formara dúo musical en los primeros ochenta. La prensa reunida, ávida como cualquier prensa del mundo, gustaba de observar a Fabio como el sueño oscuro del éxito. Mientras Almodóvar esperaba en el auditorio de los Oscars su consagración, en este casino, su antigua media naranja —más delgado y más desgastado por años de politoxicomanía— ansiaba verlo en televisión. Una gran injusticia, porque en verdad Almodóvar y MacNamara se separaron cuando decidieron que no les apetecía hacer más música juntos. Ni Almodóvar se convirtió en David Bowie ni MacNamara tuvo deseos de convertirse en Almodóvar. Pero la prensa necesitaba esa verdad alterada y quizás, sin que ninguno de los presentes lo supiera, sólo por este encuentro virtual se había organizado la fiesta.

Mientras la llegada de ese Oscar se eternizaba en la madrugada de un lunes, mi novio y yo deambulamos por la construcción *Ancient Régime* viendo cómo los seres inadaptados, divertidos, alterados y fabuladores del universo

Almodóvar se habían convertido en pequeños burgueses, en parte de un nuevo *establishment*, pero, a fin de cuentas, *establishment*.

—Sí, te entiendo. Es que la madurez es horrible para todos —afirma mi amiga, que ha terminado con su llamada en la otra línea—. ¿Quién te iba a decir que Rossy de Palma se haría madre y todo eso?

—Pero no se trata sólo de las personas que han estado vinculadas a Almodóvar. Nosotros también. Cuando vimos *Pepi, Luci y Bom...* y aquella escena de «Erecciones generales»... Fue un shock, un aire fresco como nunca...

—Niño, más bien un vendaval. ¡Siempre quise hacer una fiesta así en mi propia casa! Pero estaba todo tan lejos. La revolución gay, por ejemplo, era impensable.

—Y Almodóvar tenía claro que había que fomentarla —le digo.

—Y ahora que tiene un Oscar en su mesita de noche, ¿te parece que eso le envejece?

—No a él, pero sí su discurso. Lo que fue transgresor es ahora una risa cómplice, pero aceptada, en el rostro de alguna ricachona.

—También se podría pensar —me responde ella— que eres víctima de tu educación izquierdista: te resulta sospechoso que lo convencional premie lo transgresor.

—No. Más bien me da miedo que la frontera entre un sitio y otro esté tan desdibujada.

—Pues mejor para Almodóvar y su universo, sin duda. Él ya hizo el loco. Ahora sigue una línea de trabajo, no seria, pero sí comprometida con la industria a la que pertenece. Y punto. ¿Qué mas recuerdas de la fiesta? —pregunta mi amiga.

—Que todo el mundo iba de baño en baño en el Casino y que hubo un momento en que no había suficientes baños para albergar a toda la gente y todas las cosas que deseaban hacer en ellos.

—Mucho esnifeo, ya comprendo. Pero eso no es exclusivamente almodovariano. En Madrid fueron los banqueros los que primero introdujeron la coca. Y luego los futbolistas.

—¿Tienes prueba de eso? —le infiero.

—Sólo mis años, querido, que estuve allí en el 77 para ver la primera raya que alguien se metía en la capital del reino.

—Dios mío, ¿y dónde fue?

—En una calle detrás del Ritz, cerca de la Bolsa.

—Eso sí que es interesante —digo.

—Pero no cambiemos de tema. ¿Qué más pasó en el Casino?

—Recuerdo que en uno de esos baños se arremolinaba gente dentro de un excusado. Se agitaban; quiero decir que se movían y hacían contorsiones dada la cantidad de personas y el poco espacio. Algunos se separaban y salían con el rostro sudoroso y abrochándose la bragueta. Esperé un rato…

—¿Y todavía no le habían dado el Oscar?

—No, qué va. Al cabo de unos veinte minutos el sitio quedó vacío y emergió un chico joven, bello, completamente desencajado, el pelo alborotadísimo, los ojos fuera de sus órbitas y el pantalón mal abrochado.

—Dios mío, le habían violado.

—O él se dejó hacer.

—Eso no es cocaína. Es éxtasis —me responde.

—Y es lo que te decía: mientras Almodóvar esperaba su Oscar, la generación que ha heredado su transgresión y locura de libertad posfranquista, se dejaba follar completamente inconsciente.

—Alterada, generación alterada más bien. Ya veo. ¿Y qué ocurrió cuando Almodóvar recibió el Oscar?

—Hubo una gran agitación. Una suerte de energía. Se llevaron al chico del baño hacia otro salón y de pronto alguien dijo «es ahora, es ahora, es ahora» y todos corríamos hacia la gran pantalla al otro extremo del Casino. Unos fotógrafos nos cogieron a MacNamara y a mí y nos sentaron juntos. Todas las cámaras presentes nos enfocaban, como si fuéramos esos otros candidatos al premio…

—Sí, sí... esos cuadraditos que ponen para que uno vea la reacción del ganador y de los perdedores.

—Y Almodóvar ganó y nos pusimos a gritar y la gente empezó a besar a MacNamara como si fuera la madre del novio.

—¿Y él que hacía?

—No movía un músculo. Todo era un griterío. Ponían la música de la película. La gente se abrazaba como loca. E incluso esnifaban delante de ti mientras Almodóvar lanzaba el célebre discurso.

—Entonces... nadie le oyó.

—Nadie, te lo aseguro. Y eso que allí estaban varios de los que se convertirían al día siguiente en grandes expertos en cómo agradecer un Oscar.

—¿Sabes qué pasa? De todo esto me da tristeza el chico al que violaron —dice mi amiga.

—Bueno, cariño, siempre hay un perdedor.

Crónica seis

«Holiday»

© COVER

Madonna es la reina de la transformación; capaz de mezclar más y más los escasos límites entre la realidad y la ficción, entre lo que puede ser surreal y, sin embargo, subyace en lo cotidiano. Ser, uno mismo, más verdad alterada que la propia verdad alterada

Barcelona. Espero mi turno en la fila de un cajero. Delante de mí hay una pareja de chicos gays tan depilados, bronceados y sonrientes que creo estar en uno de esos escenarios porno justo antes de que empiece la acción. Me explico: gimnasios falsos o habitaciones de universidad inexistentes donde aparecen dos, tres o cuatro jovencitos perfectamente musculados que apenas hablan y que a los pocos segundos ya están tocándose, agachándose y desenvainando falos de proporciones sobrehumanas. Y todo ello con caritas de *boy scouts* o de alumnos de escuela jesuita. Estoy en esta fila y voy a comprar las entradas para el concierto de Madonna en Barcelona; el primer concierto de su gira 2001 «The Drowned World», algo así como «El mundo ahogado».

Pero, ¿ahogado de qué?, me pregunto. ¿De sí mismo, del siglo XXI, del peso que implica conocer antes y vivir después? En el fondo a nadie le interesa el porqué del nombre. Lo importante es asistir a una actuación de Madonna y saber que de todas las ciudades del mundo ella ha escogido precisamente Barcelona como punto de partida.

No hay duda de que existe una generación Madonna; personas que hemos crecido al ritmo de su evolución como artista, fenómeno, estrella y ahora reinvención de sí misma. Y es precisamente este último aspecto, esta característica «avefénica», la que ha hecho más mella en la gente que hemos seguido cada uno de sus pasos. Cuando Madonna se daba a conocer con su *hit Holiday,* la música disco fenecía y había una tendencia generalizada a sonidos punks y heavy metal; sin olvidar, por supuesto, las terroríficas baladas que harían de Julio Iglesias un icono. Pero *Holiday,* la canción, mantenía viva una llama de rebeldía frívola y bailable; de hedonismo desafiante y sexual. Y claro, un himno así no podía llamarse más que *Festivo* o, para los más académicos, *Día de fiesta.* En efecto, si hay un sintagma que defina la década de los ochenta en gran parte de Occidente, ése es, con toda seguridad, *Día de fiesta.*

Madonna se convirtió por derecho propio en símbolo y reflejo de los ochenta y de su vía oficial de expresión: la MTV. El vídeo de *Borderline* jugaba con elementos propios del universo artístico de Manhattan; elementos que luego se volverían clásicos del fin de siglo. El graffitti, por ejemplo, gracias a la amistad de Madonna con Jean Michel Basquiat, el pintor muerto de sobredosis de heroína en 1987. Incluso el mismo estudio de fotografía donde se desarrollaba gran parte del vídeo se transformaría en escenario obligatorio para el resto de los clips de la década.

Con *Material Girl* Madonna rendía homenaje al icono de los iconos, Marilyn Monroe, al mismo tiempo que se burlaba, en divina clave frívola, de los valores morales de Reagan, el otro símbolo definitivo de los felices ochenta: el materialismo es nuestra verdad, guía y conciencia. «Todos somos chicas materialistas», rezaba el estribillo que el mundo adoró. Posteriormente Madonna adoptó el estilo «americana vulgar que viaja a Europa» para *Like a Virgin.* Y la jugada salió perfecta: españolas, italianas, suecas y demás vestían los encajes de poliéster y los cinturones de metal que darían forma al fenómeno *wanabe.*

Situada en la cima, se casa con el actor Sean Penn y crea lo que se conoció como «superboda», es decir, superfamosos, superperseguidos por una prensa superávida. Y tal fue el delirio del acontecimiento que, según cuenta Andy Warhol en sus *Diarios,* el artista pop no pudo entregarles el regalo: uno de sus dólares inmortales. El matrimonio resultó desastroso, al igual que el deseo de Madonna por conquistar el cine. Pero vino *Like a Prayer.* La cantante, esta vez con el pelo moreno, se desmelenó ante san Judas Tadeo y el Vaticano reaccionó herido y melodramático. El vídeo se censuraría en Italia y la Pepsi-Cola le daría la espalda a la «material girl».

A partir de ese momento, se gestó el epíteto «chica escándalo», adelantándose a Bill Clinton y a su reinvención de la provocación sexual: te hace más famoso lo que más te aleja de lo convencional. Por su parte, el tema *Vogue* implica la primera repercusión mundial de lo que ahora se llama cultura gay. El *Vogueing* consistía en enlazar posturas de modelo con pasos de baile entre el *fox trot* y el *break dance;* una combinación que algunos homosexuales habían impuesto en salones de baile en la periferia negra de Manhattan. Una magnífica y bella película titulada *Paris is burning* retrató fielmente el surgimiento de este fenómeno y la aparición de «casas» *(houses)* que reunían a los distintos grupos de *voguers* bajo la batuta de un líder. De todos estos locales destacó la House of Extravaganza, regida por una mítica «loca», de nombre Extravaganza. Allí saldrían los bailarines que coreografiaron los famosos bailes de Madonna en el vídeo de la canción *Strike a pose* («Márcate una pose»). Con *Vogue* los ochenta llegaban a su fin y Madonna sufrió el miedo de ser olvidada en la década siguiente.

Volvió a probar suerte en el cine de la mano de su entonces novio, el legendario Warren Beatty. Pero ni Beatty ni Hollywood la retrataron como una actriz seria, sino más bien como una *pop star* con ganas de divertirse. Durante ese tiempo lanzó dos álbums que no lograron los éxitos de antaño, pero que dieron lugar a la *Blonde Ambition Tour*, una gira gestada en torno a la idea de adaptar el manierismo del cabaret a las exigencias de una *superstar* vinculada a la música popular. Para dar forma a todo esto, contrató a una célebre coreógrafa americana, Karol Armitage, y, sobre todo, confió su vestuario a Jean Paul Gaultier, conocido en los elegantísimos predios de la moda. Juntos crearon el *bustier* que cambiaría para siempre el mayor dolor de cabeza en la mujer: usar las tetas como armas de liberación y no como condena manipulada por el machismo.

—¡Ojalá algún día haga algo con la menstruación! —exclama una amiga mientras le leo este rápido informe sobre la influencia Madonna en nuestra generación.

Prosigo. La *Blonde Ambition Tour* sirvió para reforzar el nombre de Jean Paul Gaultier y, como también hizo Almodóvar, para promover la idea de que el arte, la industria, la posmodernidad y el fin de siglo eran poderes que habían de mezclarse en aras de un tiempo más culto e invencible en sus conquistas. Entonces sobrevino el desastre de *Sex*, el fatídico libro que decidió editar en el año 1992. No es que fuera malo, simplemente parecía una imitación de todo. Recuerdo una fiesta-funeral en Manhattan, ese mismo año, en la que alguien cogió el libro para romperlo. Mientras lo evitábamos, el terrorista dijo: «Lo único que muestra esta mierda de libro es el triunfo del sexo simulado»; sin duda, hacía referencia a los posados semilésbicos de Isabella Rossellinni y Naomi Campbell. La moderna ensayista americana Camille Paglia, reconocida seguidora de Madonna, escribió en su fantástico *Vamps and Tramps*: «*Sex* se esfuerza por conseguir la elegante sofisticación de Helmut Newton, pero ni siquiera se acerca a ella».

Sex vino acompañado de un álbum, *Erotica*, que en su momento provocó desconcierto y rechazo y que, sin embargo, hoy se escucha con creciente entusiasmo. La artista logró plasmar en él sus ideas acerca del puritanismo y la obsesión por vender sexo a la América de Bill Clinton. *Erotica* pasa por ser, siempre según Camille Paglia, el disco más personal de Madonna; un trabajo donde se observan todos los elementos técnicos y filosóficos de la música del 2001. Incluso hay detalles enternecedores, como la indicación de que en la primera canción «el sonido de la aguja en el vinilo es intencionado»; una advertencia sobre la decadencia, la densidad del vinilo y la aguja abandonada a su suerte. *Erotica* tuvo una fortuna desigual; lo que colocó a Madonna en una parálisis que sus críticos aprovecharon para momificarla. Ella no hizo mucho a su favor publicando *Bedtime Stories*, un CD que, además de contar con una canción-videoclip de torero a lo Mario Cabré, resultó más bien un disco puente sin muchos defensores.

Entonces, la cantante decidió ser madre. Prácticamente alquiló a un chulo —su entrenador personal, un morenazo cubano de nombre Carlos León—, que la embarazó y al que despachó antes de que Lourdes María cumpliera el año. La maternidad tranquilizó a la artista y la empujó a luchar otra vez por un puesto en el cine. El resultado sería *Evita*, la adaptación cinematográfica del musical de Andrew Lloyd Weber, donde Madonna hace todo bien, aunque sin ese brillo de genialidad que siempre ofrece. Y sobrevolando todo el largometraje, el temor de una generación: si nuestro ídolo envejece, todos envejeceremos como ella. Madonna captó el mensaje y creó *Ray of Light*, un trabajo profético en el que la *superstar* se acerca a los nuevos sonidos del universo discográfico. El nombre de William Orbit, un *diskjockey* convertido en productor, se hizo mundialmente famoso y Madonna demostró nuevamente que sus capacidades visionarias eran iguales al Concorde: quebraban la velocidad del sonido. Con este disco, la «ambición rubia» afianzaba su aureola de ave fénix y hacía gala de la capacidad del ser humano para reinventarse.

Desde entonces, Madonna es referencia no de cambio ni de metamorfosis, sino de lucha disciplinada por convertir el camaleón de los ochenta en faraón inmortal del futuro que es presente. Es esa Madonna la que se atreve a lanzar a un nuevo productor, Mirwais, de nacionalidad francesa, y un disco, *Music*, con el que emprende el camino de su nueva gira: la de ese «Mundo ahogado» que congrega un grupo de ávidos compradores en una sucursal bancaria de Barcelona.

La situación es frenética. Hace calor y la humedad se pega a la piel a una hora como las tres de la tarde. Delante de mí, junto a los muchachos depilados, un joven soltero, treinta y tantos, discute con su novia de poco más de veinte. Ella está harta de hacer cola para ver a una mujer a quien considera la «momia de los ochenta».

—¿Entonces qué preferirías ver, a Rosana o a La Oreja de Van Gogh? —dice él.

—Por favor, Luis. No empieces.

—Es que ya con ese nombre, La Oreja de Van Gogh, te das cuenta de que algo está mal, muy mal, en la puta música española.

Delante de ellos, apilados, incrustados casi en la máquina dispensadora de las preciadas entradas, se encuentran dos *club kids:* un chico y una chica tan andróginos que bien podrían ser *drag queens,* si no fuera porque no llevan demasiado maquillaje y son muy jóvenes. Se giran a mirar la fila que su demora crea, y se ríen entre ellos, apretando, sin apretar, el teclado que expende las benditas entradas.

—Joder, esos cabrones lo único que hacen es reírse —dice la chica que prefiere a Rosana.

—Acaban de salir del after —dice el novio, mirándome a los ojos—. ¡Como hay famosos, se quieren hacer los graciosos!

Armado de valor por la insinuación, me desmarco de la fila y voy hacia los *club kids.*

—¡El maricón de la tele! —espetan, y descubro que ella, la *club kid,* es una auténtica ella, y que de tanto andar con *drags* ha incorporado el *look*—. ¡Joder, tío, resulta patético cómo reflejas a los homosexuales en la tele! ¡Que sepas que no todos son como tú!

—De acuerdo, pero otras personas en la fila quieren una entrada y vosotros estáis jugando con la máquina.

—¿Y a mí qué más me da? ¿Esto es realmente una democracia? —contesta el *club kid.*

—¿El perfume que llevas es el nuevo de Gucci? —me pregunta la chica *club.*

—No. No me gustan los perfumes de Gucci. Demasiado *club kids* —le digo.

Otras parejas en la fila aplauden mi respuesta.

—¡Pues a nosotros nos da por culo Madonna! Es totalmente de maricones pirrarse por ella —dice el chico *club;* la chica *club* devorada por la estética *drag* aspira hondo su cigarrillo de menta y exhala una nube beige.

—Entonces retiraos —exclama el treintañero. Su voz es ronca, masculina.

Detrás de él, en lo que fuera mi puesto de la fila, la pareja de musculocas le miran de arriba abajo y sonríen satisfechos.

—Pero, ¿y la puta democracia, tío? ¡Yo hago lo que me da la gana! —responde el *club kid.*

Se suman más personas a la fila. Un hombre con maletín, de unos cuarenta años, se detiene frente a los chicos *club*.

—¿Para esto hemos luchado tanto por conseguirla? —interroga.

Las musculocas deciden aplaudir y la joven amante de Rosana se une a ellas.

La chica *club* se me acerca amenzante.

—Me da por culo la gente que no usa perfumes Gucci.

—Eres un hijo de puta —me dice el *club kid*—. Un hijo de puta gay —reitera, alejándose de la máquina.

Elegante, retrocedo a mi sitio en la fila, junto a las musculocas.

—Has estado divino —aseguran.

Estoy en mi habitación del Hotel Condes de Barcelona luchando con la cobertura de mi móvil. Por alguna razón, en la mayoría de los hoteles es difícil hablar con estos aparatos, aunque no debemos olvidar que la hostelería, gracias a estos teléfonos, deja de ganar dinero con sus fijos. Asomado a un espléndido patio interior barcelonés, atiendo la llamada urgente de mi amigo Diego, de Zaragoza, que colecciona abrigos de tweed de los años cincuenta y no encuentra entradas para el concierto de Madonna.

—¡Es el horror vivir en Zaragoza!, ¿comprendes? ¡Siempre entre dos metrópolis y con este estúpido río separándonos de todo! —empieza su discurso telefónico—. Me levanté temprano esta mañana y estuve dos horas en la puerta del Corte Inglés. Había más gente. Muchos venían de los afters. Cuando llegué a la taquilla, las entradas estaban agotadas. Es… humillante. La última vez que Madonna actuó en España yo tenía diez años… y no sabía que era gay. Quiero decir que necesito verla para reafirmarme en la felicidad que siento al ser gay, vivir en Zaragoza, y sentirme bien... ¿Es mucho pedir?

—No, desde luego que no —respondo conmovido—. Pero la situación no es muy diferente en Barcelona. Los *club kids* están haciendo de todo para impedir que los gays compren entradas para el concierto.

—Pero tú eres Vip; tú podrías conseguir un pase de *backstage*.

—Para nada. Me he comprado mi propia entrada —pronuncio con suficiente pausa para dejar caer la posibilidad de invitarle, pero, claro, a un cierto precio.

—Es tan horrible, Boris. La única persona a la que puedo recurrir es a ti. Leo, un compañero de la facultad, me invitaría. Pero… quiere algo a cambio.

—*Sex* es el título del único libro de Madonna.

—Pero, no quiero, no deseo... ensuciar algo tan bello como un concierto de Madonna con sexo sin amor.

Diego tiene veintitrés años, o al menos es la edad que me dijo cuando esta pregunta surgió en un bar de cinéfilos en la ciudad del Ebro. Sostenía un ejemplar de mi libro *Azul petróleo* y me confesó estar «embriagado del sexo que sucede en él. Me excita y me reprime». Sus inmensos ojos caramelo se abrían y se cerraban con cada palabra. Fuimos hasta su habitación de estudiante y allí escuchamos dos veces el disco *Erotica* de Madonna. Me encanta su versión acelerada de *Fever* que todas las grandes, desde Eartha Kitt hasta Ella Fitzgerald, han interpretado. Baile y mímica entre Diego y yo. Pronto nuestros cuerpos estuvieron locamente cerca. Él se separó.

—Me da miedo enamorarme de ti. Ya tienes novio y no quiero ser uno más de los que seduces.

—Te prometo que es la primera vez que lo hago con Madonna —le digo.

—¿Ni siquiera cuando tenías mi edad y ella cantaba...?

—*¿Like a Prayer?* No, te lo prometo —insisto.

—Es que yo necesito estar muy enamorado para entregarme —dijo—. Tú no; tú eres de una generación diferente. Vosotros podéis follar todas las noches y no pasa nada.

—Yo había oído lo mismo cuando tenía tu edad y salía con hombres de la edad que tengo ahora.

—Oh, por Dios, no me confundas más —exclamó mientras su cuerpo volvía a las cabriolas que el *Fever* de Madonna le imponía.

Unos días después de su llamada, acudo de madrugada a un club de gogós masculinos en Barcelona. El motivo: una fiesta privada que se rendirá a Madonna en el Poble Nou de Montjuic. Dentro del taxi que me transporta desde el programa de televisión, reflexiono sobre lo imposible que es algo privado en un sitio tan público como Poble Nou. Poble Nou es la mayor ironía del catalanismo hacia España: se trata de un parque temático sobre el país. La Giralda de Sevilla, el Obradoiro de Santiago de Compostela, los molinos de Castilla y demás tópicos arquitectónicos hispanos se hallan reproducidos perfectamente para deleite de japoneses y *ravers* que celebran sus fiestas en tales escenarios tomando como discoteca una venta similar a aquella donde Dulcinea hipnotizó a Don Quijote, solo que ahora poblada por *drag queens* cyberespaciales, vendedores de pastillas con aspecto de niños bien y chicas esqueléticas perfumadas por mister Gucci. Entro en el local. Todos se detienen en poses heredadas de una mala clase de tai chi y se estremecen mientras el disco *beat* de *Deeper and Deeper* estalla en el aire. La sensación es como si flotara líquido. En un determinado pasaje de la canción, una guitarra española irrumpe y el grupo de bailarines tai chi se transforma en flamencos aguerridos que funden bulerías y yoga en una perfecta comunión. Una mujer maquillada como Joan Collins y vestida como la estatua de la libertad y un chico negro maquillado en diversos tonos de morado, vienen hacia mí.

—*Hi* —dice ella, extendiendo la palma de su mano en un abanico invisible.

—*Hi* —emulo el gesto.

—Soy Francisco «Extravaganza» —explica el chico del malva sobre negro—. Hijo de la House of Extravaganza —agrega, clavando una mirada *deeper and deeper.*

—Oh, Dios mío, donde nació el *vogue* —digo.

—Madonna estaría encantada de conocerte en la fiesta que organizamos para ella —continúa Fran Extravaganza—. Para mí es como una retribución por toda la felicidad que me ha dado. A mí y a mi *house...*

Su compañera se deja llevar por la canción («Y mi madre me enseñó esta canción. Voy a traer tu amor hacia mí, y cogerte, cogerte... *deeper and deeper»),* mientras agita un invisible abanico que, según el ritmo de la canción, se vuelve castañuela o señales de aterrizaje en una pista inexistente.

—Pero nos gustaría alertarte sobre otras fiestas que se rumorean en la ciudad —dice Fran Extravaganza.

—He oído de una en Casteldefells, en una villa al borde del mar —le respondo.

—Es completamente falso —dice la mujer—. *Fake,* «falsé», falso total. Por cierto, no me he presentado. Mi nombre es Beige. Y fui hombre en Sudáfrica hasta el año 1976, cuando tenía veinte años.

—Beige no se ha operado completamente, porque lo que hicieron en Ciudad del Cabo fue una masacre —afirma Fran.

—¿Madonna está al tanto de esto? —pregunto.

—Absolutamente. Estamos citados con ella al segundo día de su llegada. El asistente del director de maquillaje de la gira es mi segundo mejor amigo —sentencia Extravaganza.

—Sé que Madonna tomará mis manos en el sofá de su gran suite del Hotel Majestic —empieza a soñar Beige, cerrando los ojos maquillados con polvo de oro y entreabriendo sus labios trémulos en torno a unos dientes blancos de porcelana artificial—. Y cuando estemos así, tan cerca, tan juntas, le diré mi nombre: Beige… como la suite… Beige….

Al día siguiente Diego llama desde Zaragoza con mejor humor.

—He conocido a dos chicos fabulosos, de Miami, aunque cubanos, que son amigos de Madonna, en realidad de su hermano, y que son los que organizarán la fiesta en honor a la diva en una villa al borde del mar. En Casteldefells. Estarían encantados de que fueras. Será una pasada.

—Pero estuve ayer con los de la Casa de Extravaganza que me han dicho que esa fiesta no es la auténtica —le comento.

—Están confundidos con la de Mataró, a la que definitivamente Madonna NO IRÁ, porque es una zona periférica.

—Creo que hay que ir con pies de plomo en estas fiestas de Madonna, Diego —le advierto.

—Lo mejor es que estos chicos cubanos me han presentado al asistente del director de maquillaje de la gira, Richard, que es un chico divino. Bueno, habla muy poco español, pero nos hemos entendido.

—¿Y qué hace Richard, el asistente del director de maquillaje de la gira, en Zaragoza? —inquiero.

—No lo creerás jamás, pero en Zaragoza se encuentra la colección más importante de pelucas *Vintage* (de reciente antigüedad) del mundo.

—Juraría que estaba en Madrid.

—Las pelucas de la gira de Madonna serán aragonesas. ¡Me siento súper orgulloso! Y lo mejor es que él me ha prometido acceso a los dos conciertos.

Dos días antes del concierto, charlo del tema con Gemma Nierga en el programa *La ventana.*

—Creo que existe un poco de recelo porque Madonna haya escogido Barcelona para iniciar su gira mundial —dice Gemma en su programa de radio.

—Es un recelo sin sentido. No hay sitios en Madrid para un concierto —comenta un colaborador—. Que Las Ventas aloje a artistas pop me parece un sacrilegio. En el Bernabéu hay partido de fútbol, como debe ser. Y el Palacio de Deportes que se sacó Franco de la manga para hacer más fascismo, está en unas condiciones de extremo peligro. Madonna ha venido a demostrar que Madrid no puede alojar conciertos de primera línea.

—¿Y Julio Iglesias? —propongo.

—Por favor, eso es un acto político del Inserso —dice el colaborador.

—Tampoco exageremos, aunque en un concierto de Julio Iglesias la gente se mueve mucho menos —digo.

—Empezando por él mismo —dice el colaborador.

—¿Creéis que para disfrutar este concierto de Madonna hay que ser mayor de treinta años? —pregunto.

—¿Por qué limitarlo a una edad, si es una celebración? —puntualiza Gemma—. Lo increíble es que hoy Madonna nos resulte de calidad, cuando en los ochenta nos daba vergüenza. Quiero decir que era un poco más hortera; muy de adolescente enloquecida —argumenta.

—Ya, Gemma, pero en los ochenta éramos adolescentes enloquecidas —digo y Gemma ríe.

—Yo no. Yo era una estudiante de periodismo muy seria. Lo que pasa es que de noche ponía *Like a Virgin* y bailaba.

—¿Quisiste ser una de esas *wanabes?* —pregunta el colaborador.

Gemma sonríe delante del micro y aprovecho para estrechar su mano. Ella me muestra su entrada para el concierto y me parece volver a tener veinte años y sentirme parte de algo importante.

En la víspera de la llegada de Madonna a Barcelona recibo una nueva citación de Beige y Extravaganza: esta vez en una disco *boite* de la calle Balmes, donde Beige ofrecerá un concierto homenaje a la artista.

Mi compañero de *Crónicas marcianas,* Fuentes, heterosexual a prueba de artificios, me conduce en su *Audi.*

—¿Recuerdas la misma excitación en la ciudad por el concierto de Bruce Springsteen? —le pregunto.

—Es la primera vez que comparto este tipo de excitación con alguien gay —responde.

—Bruce Springsteen hizo la canción de la banda sonora de *Philadelphia* —le digo.

—También he escuchado que a los gays no les gusta esa película.

—Fuentes, la única película gay aceptable es *La ley del deseo,* en la que actúa Antonio Banderas. Es más, la única película aceptable de Antonio Banderas es ésa. Todo lo demás deberíamos haberlo evitado.

La llegada de Fuentes al club donde Beige da su concierto homenaje es devastadora. En la puerta, y sujetándome muy fuerte del antebrazo, Fuentes me advierte que es su primera vez en un bar de este tipo. Veo codazos, gente que gira sus cabezas trescientos sesenta grados. Un hombre negro, muy ancho y alto, nos coge por los brazos.

—Beige ha cantado *Deeper and Deeper* en versión balada y ha sido mágico —dice con una voz estereofónica.

Beige nos saluda desde una pequeña tarima que llaman escenario. Ha estado cantando un repertorio variado que va desde Sade *(Smooth Operator)* pasando por una espontánea reinterpretación de la *Chica Yeyé,* hasta *Everyone who has a heart* de Burt Bacharach. Desde ese escenario, Beige nos ofrece su saludo abanico.

—Eso es un tío —dice Fuentes.

—Es Beige —le advierto.

Entonces ella cierra sus ojos con fuerza. Se crea un extraño silencio en la sala poblada de seudo-punkeros, inmigrantes varios, unas chicas histéricas haciéndonos gestos y seis o siete hombres negros, fornidos y altísimos.

—¿Es un bar africano? —pregunta Fuentes.

—No, pero Beige fue hombre en Sudáfrica —digo.

Aún con los ojos cerrados, Beige entona un canto que me recuerda el *Pata pata* de Miriam Makeba. Continúa el murmullo característico de estos bares donde nadie presta atención a la actuación del día.

—Pero cuando vivía en Sudáfrica ¿era blanca o negra? —pregunta Fuentes.

—¿Preguntas en serio que si el cambio de sexo implica el cambio de color?

—Bueno, creo que su nombre artístico nos lo explica todo —concluye mi compañero televisivo.

De pronto, el mantra de Beige se transforma en un hondo y larguísimo grito. Se hace un mínimo de silencio que la artista transexual aprovecha para un breve discurso.

—Mi show de esta noche es un homenaje a una gran artista y amiga, Madonna. Pero ahora deseo vuestra colaboración para crear un poco de magia, de paz, de clima favorable en su estancia entre nosotros. Es un canto tribal de una de las zonas desconocidas de mi continente, África, y en sus palabras y melodías habitan dioses que otorgan equilibrio, humedad y paz. Mucha paz.

—En Barcelona ya hay mucha humedad —subraya Fuentes.

Beige inicia su mantra, con unas palabras en inglés dichas muy cerca del micrófono para crear un *back up:* «Me levantaré de la tierra, desde todo lo extraño. Sin ningún sonido aparecerás, totalmente salvaje, y me entregaré a ti para amar».

—Son palabras de la canción *Rain* —dice un joven delgadísimo y con olor a perfume de Gucci—. *Rain*, la canción del álbum *Erotica*.

—*Erotica* parece ser un álbum muy reivindicado ahora —le comento al chico Gucci, y él responde mirando a Fuentes.

—Es su disco más transgresor, porque se adelantó al 2001 y nadie lo entendió en el 92. Ahí puedes encontrar esos ruiditos tecnológicos que luego serían la clave de *Music* y de casi toda la música que se hace hoy día. Hay una influencia Sound Factory, que fue una discoteca de Manhattan de principio de los noventa donde Madonna a veces incluso pinchaba. En *Erotica* ella muestra sus referencias culturales más profundas: *Ditta*, por ejemplo, es una musa del Berlín de entreguerras. Además, se deja llevar por el amor a través de sonidos densos, como esa aguja cruzando el vinilo al principio del CD.

—Oh, Dios, es estremecedor —comento a Fuentes.

—Es lógico que *Erotica* tenga ahora una segunda oportunidad. En cierta manera es el mensaje de la Madonna acostumbrada a reinventarse. Siempre hay una segunda oportunidad. Cada edad encierra una segunda oportunidad. Tú la viviste en tu adolescencia, ahora la descubrirás en tu primera madurez. Y Beige, en su tercera —dice el chico Gucci.

Un humilde sistema de iluminación arroja sesgos de luz rojiza sobre el rostro de Beige. Parece atrapada por los espíritus benignos que invoca en su canto tribal. De repente, guarda silencio y abre sus ojos bañados en luz violeta. Mira hacia la puerta de la sala como si la misma Madonna estuviera entrando ataviada con su traje estilo vaquera del último disco, *Music*. Me giro, pero no hay nadie. Un camarero aburrido pasa un paño sobre el mostrador. Beige se separa del micro y levanta su brazo izquierdo como si estuviera saludando a las tropas de un discutible Tercer Reich: «Madonna, estamos aquí. Somos tu ejército del amor». Y estalla en los altavoces el *Vogue*. Beige se aleja del escenario adoptando las célebres poses del conocido vídeo.

—Esto definitivamente no sucedió con Bruce Springsteen —sentencia Fuentes.

Cuando el bar se vacía, Beige viene hacia nosotros, con un traje pantalón del mismo tono que su nombre y se dirige a Fuentes en inglés.

—Ha sido más que importante que estuvieras esta noche.

Fuentes, que nunca ha estado tan cerca de un sudafricano que no fuera Nelson Mandela, reacciona con naturalidad.

—Barcelona no es la misma después de tu rezo, Beige. Madonna puede estar tranquila.

Perplejo ante el estupendo acento de mi compañero de trabajo, acepto el cava que uno de los hombres negros de Beige nos ofrece.

—Son mis amigos de Ciudad del Cabo. Han venido a ver a Madonna —nos comenta, y asumo que ella se habrá visto igual que ellos antes de la operación.

Fuentes, consciente de haber cumplido mucho más que un amigo cualquiera, anuncia su despedida.

—*I love you* —le dice Beige.

Y Fuentes, con cordialidad de clase de inglés avanzado responde:

—*I love you too.*

Con Beige camino hacia el mar al final del paseo Colón.

—Muchas veces me levanto y pienso para qué vivir este día. Y recuerdo el olor de Ciudad del Cabo y siento que puedo irme nadando, nadando sin parar, sacando fuerzas de mis lágrimas. Entonces escucho a Madonna y sé que me está cantando; que en sus melodías ella está contando mi vida, para que los demás me acepten y mis errores tengan un significado. Todas sus canciones hablan de mí. No *Like a Virgin*, desde luego, porque nunca lo fui. Tenía veintitrés años cuando me hice la operación: sentí que me cortaban algo y cerré los ojos recordando un dulce de natillas que preparaban en mi casa con leche descremada inglesa. Me desperté mujer, pero sabiendo que nunca lo sería del todo. Soy mitad algo y mitad otra cosa. Por eso me vine a Europa. Y luego a España. A encontrar el Minotauro y a darme cuenta de que soy la evolución lógica de ese ser mitológico. Fui hombre, ahora mujer, pero nunca he dejado de ser toro, ¿comprendes? Animal, terca y fuerte, enfrentándome, como el matador, a la misma vida y a la misma muerte.

Beige toma mis manos y las deposita en sus grandes pechos superhormonados. No me impresionan sus senos artificiales, sino la amplitud de su caja torácica.

—Fui nadador cuando era hombre. Y me habría encantado jugar con la selección de waterpolo de mi ciudad. Pero es tan difícil saberte diferente, ¿verdad? Despertarte en un mundo de necios y tenerlo tan claro. Madonna sabe eso mejor que nadie y te lo dice, canción tras canción. Ella escucha su corazón hablar: «has de ser fuerte para que las espinas hagan brotar una sangre que en realidad es oro». Tengo cincuenta y tres años y veo cómo los hombres y las mujeres envejecemos igual. Las mismas arrugas en los mismos lugares. Pero, ¿de qué me sirve saber todo esto, si regreso a casa, después de noches como ésta, hablando con alguien cerca de la playa, y no hay nadie que me haga una mísera pregunta? Es ese silencio el que me ha convencido de que Madonna quiere transmitirnos bondad y deseo por despertar y aceptar el nuevo día. De todos modos, sé que por más que sueñe con ella, probablemente nunca la conozca. Extravaganza hará lo imposible para que ella sepa que estamos aquí, pero es tan improbable que estire su mano y nos diga: Vosotros, Beige, Fran, venid conmigo.

Toda mi vida imaginé que existía esa persona que cambiaría tu vida. Pero a mi edad, mi futuro no es más que segundos de soledad y sueños deshechos.

—Respira, hondo, Beige, de este Mediterráneo que guió a Aquiles —le digo.

Y Beige abre sus brazos delante del mar recitando una vez más los versos de Madonna: «Me levantaré de la tierra, desde todo lo extraño. Sin ningún sonido aparecerás, totalmente salvaje, y me entregaré a ti para amar».

Diego me llama sobresaltado la madrugada del ensayo general de Madonna. Llegó ayer de Zaragoza.

—Te he visto en el programa, pensé que estarías despierto.

—¿Qué pasa? —pregunto

—¿Te molestaría acercarte hasta el Majestic? Estoy en la calle. Necesito hablarte.

Al contrario de lo que muchos creen, Barcelona es una ciudad vacía por la noche. El Paseo de Gracia es como un museo de historia natural, con sus dinosaurios agitando los esqueletos cuando nadie los mira. Sea invierno o sea verano, cada noche hay brisa en Barcelona, y más esta noche en la que Diego fuma cigarrillo tras cigarrillo con ojos rojos de llorar y el pelo agitado por ese viento impenitente.

—¿Puedes abrazarme? —me pide y lo hago, recordando su aversión al contacto físico que implique sexualidad. Atrapado en su llanto, tiembla por algo que desea explicarme y no consigue. Apenas vestido por una camiseta y un ligero pantalón que transparenta su ropa interior, con el olor de perfume y nicotina característicos de un after, sus ojos enrojecidos y sus labios salpicados de lágrimas me conmueven y me excitan.

—Estoy tan solo. Y se ha ensuciado todo tanto —me dice y le pido que lo repita para comprobar que sus palabras no se dejan arrastrar por la incoherencia de un estado alterado provocado por las drogas.

—No me he metido nada. Estoy guardando los éxtasis para el concierto. Es algo mucho más grave. ¿Recuerdas el asistente del director de maquillaje de la gira?

—Cómo olvidarlo, a estas alturas es casi más importante que Madonna.

—Le llamé apenas llegamos a Barcelona ayer, para ir tomando contacto con la ciudad antes del concierto. Y me citó hoy en ese sitio terrible...: «El coño de tu prima».

—Vaya, realmente están informados de los sitios de Barcelona.

—Es un lugar terrible. Hay pijas con *drags* y con camellos y con moteros.

—Un after, está claro —comento.

—Un infierno. Allí estaba él, sonriente y con unas rosas de tela, de Chanel, en las manos. Se las regaló ella.

—¿Madonna?

—Sí.

—No me pega que use esas rosas de Chanel.

—Pero ¿cómo iba a saberlo yo? —confiesa Diego, devastado en mi regazo. Es un chico fuerte y corpulento que viste ropas transparentes poco comunes en Zaragoza—. El caso es que me dijo que tenía un pase para la zona de *backstage* y que me dejaría la toalla que Madonna usa cuando termina el show. Me explicó que lo haría después de cantar *Holiday,* canción que cierra la actuación. ¡No habrá bises! —dice, incorporándose de pronto y como dándose cuenta de la importante información que posee—. Yo le dije que el público español reaccionaría mal, porque aquí nos gusta un bis más que a un tonto un lápiz.

—Nunca he entendido esa frase del tonto y el lápiz. Yo muerdo todos mis lápices —comento sin saber muy bien por qué.

—Me dijo que me dejaría sostener la toalla de Madonna al final del concierto —repite Diego, saboreando el agridulce trozo de información que le distingue, al menos esa noche, de miles de fans—. Y yo me emocioné y me dejé llevar por la emoción y me… me…

—… Te dejaste besar.

—Es un ser… asqueroso, baboso, grande, como un sapo enorme, que me apretó con sus manos y me empezó a comer la oreja mientras me pedía que viniéramos aquí... hasta el hotel.

—Y llegasteis…

—Sí, pero yo le dije que no quería usarle, que no deseaba que empleara su influencia para... acostarse conmigo. Que no podría soportarlo. Entonces él, en el ascensor, volvió a hablar de la toalla de Madonna. Y entramos en la habitación…

—Y se abalanzó sobre ti…

—Se desnudó primero y se abalanzó sobre mí y yo rompí un florero huyendo hacia la puerta y salí a la calle. Y dejé mi billetera dentro. Y con ella todas mis esperanzas de ver el concierto.

Le miré a los ojos, no tanto para descubrir la verdad que pudiera haber en esta historia, sino para insuflarme de valor con cada una de las venas rotas en sus iris. Me separé de él y avancé hacia el hotel.

El conserje del Majestic es una institución en Barcelona. No puede existir un catalán más simpático y comprensivo con los vaivenes de su clientela. Inmediatamente reconoció al caballero que describí como «el gordo asistente de maquillaje de Madonna». Y después de aclararme que la estrella estadounidense no se alojaba en el hotel, sino su equipo, me facilitó la habitación, advirtiéndome de que estaba obligado a acompañarme.

El asistente del director de maquillaje de Madonna necesitaba con urgencia otro asistente de maquillaje. Observí los trozos de jarrón roto, que el tipo se apresuró a esconder con la punta de unos dedos enormes en pies hinchados por el cambio climático. Tenía la televisión encendida: la MTV. En un escritorio de falso estilo francés reposaba un sombrero de vaquero y unos trozos de pelo que parecían robados a una banda de sioux desalmados.

—Mi amigo Diego ha olvidado su billetera en esta habitación.

—Dile que se olvide para siempre de la toalla de Madonna.

En el ascensor, sosteniendo la desbaratada cartera de Diego, descubro su carné de la biblioteca y un trozo de periódico con una foto de Dana Internacional, la ganadora transexual de Eurovisión 98. Hay dos mil pesetas, de esas que vienen con una frase del tipo «No borrar»: algo horrible que acentúa la suciedad del billete. Tomo de mi propia billetera otras dos mil pesetas y las sustituyo por ese billete de suerte maldita. Coloco el dinero mancillado en un cenicero del ascensor. Alguien lo recogerá. Busco mi entrada para el concierto y la deslizo dentro de la billetera de Diego.

Diego pasea nervioso frente al hotel. Sus ropas transparentes se agitan en la brisa de junio. Se seca las lágrimas con sus manos grandes. Mira hacia el edificio como si allí se alojara la respuesta a su desconcierto y a sus miedos de volverse adulto y de olvidar esta noche de falsos favores en la niebla de la madurez. Le devuelvo su cartera y ve dentro una entrada para el concierto.

—Mientras canten *Holiday* piensa en mí —le digo—. Cuando esa canción era un *hit,* en Nueva York, en el año 82, yo también olvidé una billetera en la habitación de un asistente del director de maquillaje de Madonna.

El día del concierto mi novio desconoce que he ofrecido mi entrada a Diego. No quiero provocar una escena de celos. En Televisión Española emiten *Esplendor en la hierba,* exactamente la película en la que Warren Beatty, el antiguo novio de Madonna, está más bello que nunca. Mi novio se termina de vestir en el momento en que Natalie Wood, recuperada de sus crisis mentales por el amor no correspondido de Beatty, regresa a su pueblo y va a ver al objeto de su amor imposible.

—Te das cuenta —me dice—. A lo mejor la propia Madonna está ahora mirando esta misma escena.

—Y escuchando a su ex novio hablar en español.

Beige y Fran Extravaganza nos esperan debajo de la antena de Calatrava. Ella lleva un sombrero enorme, un abanico de plumas y un traje de falda pantalón con aire años treinta. Fran aparece con un sobrio traje negro y un sombrero con enorme pluma negra. Mi novio avanza en la fila para entrar.

Beige me coge del brazo.

—Entrarás junto a mí. En la puerta de las entradas trabaja un amigo y logrará colarte.

Todo es vigilancia y perfecto orden de gran acontecimiento. El amigo de Beige es un jovencito cargado de emoción. Hace un gesto para que Beige se ponga muy cerca de mí y mueva al mismo tiempo el aparataje de plumas de su abanico. Tanto gesto indisimulado logra camuflarme y me encuentro dentro del Palau Sant Jordi.

Cuando me reúno con mi novio, toda una grada del Palau se levanta a corear mi nombre. Y es una de las primeras verdades alteradas de la noche. No soy ese anónimo muchacho buscando el amor en Nueva York, soy una estrella adulta de un medio conocido como la televisión, que vende, alquila, rechaza y vuelve a comprar verdades alteradas.

Madonna inicia el concierto declarándose feliz. Vestida con un atuendo post-punk, de pantalón negro con media faldita escocesa y gran guitarra bajo el brazo, desgrana esos éxitos de *Erotica* que me han acompañado durante la semana. Luego rinde homenaje a Martha Graham, la gran coreógrafa americana que cambió el siglo veinte y de la que la propia Madonna fue alumna aventajada. Así nos adentramos en *Frozen* y otros temas de *Ray of Light,* hasta que, deslumbrante y cuajada de sabiduría, *Matrix,* Madonna vuela sobre los aires y baila como los samurais de *Tigre y Dragón*. Todos chillamos, todos enloquecemos. Beige desgarra su blusa y muestra sus tetas de cincuenta y tres años e idénticas cirugías. Diego agita su mano y rompe a llorar. Gemma mira con prismáticos y Rubén aplaude. Y yo pienso en ese momento que éste es el auténtico punto de arranque del siglo que estamos inaugurando: volar y transformarse en algo más joven que la propia juventud. Madonna es la reina de la transformación. Descubrir que la transformación no es un medio, sino un fin en sí misma. La esencia de su ser es esta emoción: puedo volar; puedo adelantarme. Mezclar más y más los escasos límites entre realidad y ficción, entre lo que puede ser surreal y sin embargo subyace en lo cotidiano. Ser, uno mismo, más verdad alterada que la propia verdad alterada.

Crónica siete

Vacaciones con Victoria

A mi amiga Vicky le gusta ganarse enemigos. Dice: «Los varones gays han tomado el papel dulzón de las abuelas de antes. Te deja un novio, ellos están allí, preparándote sopita de pollo...» (Fotograma de *Mujercitas,* 1949)

Mi amiga Victoria aterriza en Madrid. Llega de Manhattan, donde vive inmersa en la globalidad.

—Tienes que dejarme sola a las 7.30 de la tarde porque hablaré con mi psicoanalista desde París —me pide.

—¿Tienes el psicoanalista en París? ¿Es lacaniano? —pregunto.

—Absolutamente. Pero no entiendo por qué te sorprende: sigo visitando a mi dentista en Caracas y cuando por fin me atreva a hacerme una plástica, decidiré si la llevo a cabo en Argentina o en Brasil. No te burles y digas que esto es lo que entiendo por globalización, pero debemos aprender a simplificar las cosas. Trabajas en Madrid y duermes en Manhattan y a todas partes puedes ir, como yo, con la oficina en un bolso de Louis Vuitton.

—¿Solamente esa marca?

—Tonto, es una manera de hablar. *A way of speaking,* como dicen los gringos, que son divinos. Mira, mi teléfono móvil de tres bandas. Puedo usarlo incluso en Nueva Zelanda, donde el agua se escurre al revés. Mi ordenador cabe en el bolso, la impresora también y en mi agenda electrónica entran e-mails y faxes.

—La electricidad, sin embargo, la paga quien te aloje, claro —le sugiero con ironía.

—Son esas contradicciones de la vida que los hoteles no han logrado globalizar hasta el punto de diseñarte un auténtico hogar. A propósito, acabo de cumplir cuarenta años y necesito hacerte una confidencia.

—Adelante —le invito.

—He decidido reducir el número de mis amistades masculinas gays.

—¿Crees que es sintomático de los cuarenta años? —me sorprendo.

—Quiero decirte que me siento completamente vampirizada por mis amigos mariquitas. Todo se ha enrarecido de una manera alarmante: es una relación demasiado cómoda para las partes implicadas. Ellos son los únicos hombres que pueden apreciar ese zapato de diseño que me he comprado, porque está claro que ningún hombre... normal... lo apreciaría.

—Bueno, realmente llevas unos zapatos divinos. Pero siempre ha sido así. Cuando teníamos veinte años, tú eras la primera mujer que conocíamos con unos Azzedinne Alaia —le recuerdo.

—Pues, aunque sigo adelantándome a la moda, no he conseguido novio formal desde hace quince años.

—Pero eso no puede ser culpa de un desacostumbrado número de amistades masculinas gays.

—Estoy cada día más segura de que sí. La otra noche fui a un restaurante de comida sin denominación de origen, es decir, ese mix internacional que mezcla paella con sushi, con ensalada capprese y con crema catalana. Iba acompañada por un hombre divino, concretamente dentista (que es una profesión segura, pero muy difícil de llevar, por lo tanto extraordinaria para la exploración sentimental). Mientras le seducía me miraba en el espejo de la pared y... me horroricé —dice, agitando su enorme melena de reflejos discretos, uñas perfectamente esmaltadas y pestañas rimeladas una a una— porque no hablaba como la niña judía que siempre fui... sino como un compendio de todos mis amigos gays.

—¡No puedo imaginarlo, Vicky! —grito asustadísimo.

—Algo horrible. Una mujer marica. No quiero volverme un fenómeno de circo.

—¿Asumes que este ejemplar, la mujer marica, sustituirá a la mujer barbuda del siglo pasado? —pregunto, algo inquieto.

—Sí. Y es terrible. Es una vampirización, te lo aseguro. Y como todas las vampirizaciones, empieza de una manera sutil. Aparece ese primer mariquita, con el que te ríes como con nadie y que te llena de piropos que nunca has imaginado. Tipo: «No puedo creer cómo esa cartera transforma ese cinturón en algo maravilloso» o «Es divino cómo el olor de tu hidratante se mezcla y se involucra con tu perfume». ¿Comprendes? Una ha sido educada en una sociedad dominada por el varón machista, donde tienes que hacerte fuerte y recia. Y de pronto aparece el...

—¿Eunuco? —termino la frase.

—¡Es que ésa es la clave de este conflicto! Nosotras, esas mujeres dominantes del informe Hite, hemos cogido al varón, varón, y poco a poco hemos hecho de él un eunuco al estilo de las cortes imperiales orientales. Pero, como suele suceder con los criados favorecidos, estos eunucos han terminado por dominar no ya nuestras vidas, sino nuestras mentes...

—Y vuestros vestuarios.

—Tú también lo has notado, observo. Mira cómo voy vestida hoy —me dice—. Acabo de cruzar el océano y no me he podido poner otra cosa que no fuera un escote exagerado, pendientes pronunciados, el pelo como si fuera Jackie Kennedy camino del oculista. Ningún hombre de verdad me mira. En cambio, los maricones empiezan a aplaudirme kilómetros antes.

—El ego, al menos, lo tienes satisfecho, ¿no? —le inquiero.

—Pero, no hay penetración. Y creo que allí reside el castigo a tantos años de feminismo desorientado. Los maricones nos han hecho olvidar la penetración y la hemos sustituido por piropitos, accesorios y esos gestos al hablar y al movernos que son aterradores.

—Te interesará saber que los gays varones supermusculados se quejan de una vida sexual bastante escasa —le informo.

—¿Tampoco follan? ¿Con esos cuerpos y esos dientes estupendos y todas esas dietas de comidas disociadas? ¡No puedes hundirme de esa manera! Si ellos no follan… ¿qué va a ser de nosotras que ya estamos en esa fase que Carmen Martínez-Bordiú llama la mujer invisible?

—Pero, además, tampoco creo que en España, al menos en este momento, sea buena idea que arremetas contra la revolución gay: ahora está muy bien vista.

—Ya, ya —me responde—. He visto artículos sobre el asunto. «Mi mejor amigo es gay» y similares.«No existe tensión sexual», comentan ellos y ellas. Pero, ¿no estás de acuerdo conmigo en que la única tensión saludable es la sexual?

—Si, claro, es un punto… pero todos esos artículos defienden una cohabitación.

—Mierda de cohabitación. ¿Sabes lo que defienden esos artículos? Que no tengamos relaciones sexuales. Una nueva forma de virtud, descaradamente malvada, dañina y mentirosa.

Acerco un vaso de agua a mi amiga y desisto de mostrarle ese álbum de fotos donde salimos todos sus amigos gays celebrando con ella el último cumpleaños de su hija.

—Los medios de comunicación —continúa— te disparan una y otra vez sus contenidos de apoyo a lo que consideran «una nueva familia». Y eso me parece bien, porque hay que demostrarles a las «iglesias» que la amistad está por encima del culto. Pero, ¡debemos también limitar los alcances del vampiro gay!

—Adelante, continúa…

—Un gran punto: la supuesta capacidad innata del gay varón para rodearse de cosas bellas. ¡Mis mejores sábanas y edredones me los han regalado esos vampiros gays!

—Cuando antes eran las madres las que hacían esos regalos, ¿no?

—Las abuelas. Y ahí están los gays varones. Y quiero subrayar *varones* porque no estoy dispuesta a ser una mujer de pro y salpicar mi agenda de amigos homosexuales con números de lesbianas…

—Pobres lesbianas, que al igual que las rodillas y los codos, son las grandes olvidadas… —me lamento.

—Pues te digo que los amigos varones gays han tomado el papel dulzón de las abuelas de antes. Te deja un novio, ellos están ahí, preparándote sopita de pollo. Te peleas con alguien del trabajo, ellos están ahí hablando peor que tú de tu enemigo laboral. Te pasas con las drogas y las copas una noche, y ellos ya están bailando como Madonna en *Frozen* alrededor de ti y riendo sin parar.

—Ya, ya. Pero al final ligas con ese dentista al que nadie hace caso y a la primera persona que se lo presentas es a tu amigo gay.

—¿Crees que eso también sea una tendencia de la globalización? ¿Vas a decirme que en la España de los toreros y la cacería está sucediendo lo mismo? —me pregunta indignada.

—Esta noche estoy invitado a cenar: una amiga me quiere presentar al novio que se ha echado en Cerdeña —le digo.

—No vayas. De entrada, tu amiga escogerá un restaurante no para celebrar su noviazgo, sino para agradar al amigo gay, en este caso tú. Quiero decir que nunca será un restaurante íntimo, sino un *circo-fashion*. Y aquí está el error de la chica: porque en un lugar así, ese ejército de amigos gays, en vez de preocuparse de si ese novio que has conocido en Cerdeña te conviene, se dedicarán a saludarse entre sí y a crear, una vez más, un chiringuito gay a tu costa.

—Es para salir corriendo. Aunque, la verdad, te encuentro muy reaccionaria, Vicky.

—Cariño, es que no puedo más. Hay demasiadas cenas de ese tipo en mi pasado —me confiesa.

—Pero asume que la mayoría de mujeres liberadas en los noventa consideran al amigo gay como factor *sine qua non*.

—Ésa es mi lucha —pronuncia exaltada—. Estamos equivocadas, el amigo gay es nuestro enemigo.

—Es que no dejo de encontrarlo ñoño. Primero, te sientes atraída hacia el varón gay por su posible sensibilidad. Luego le eliminas esa sensibilidad. Y ahora, a causa de tu neurosis, le ves como un enemigo. Es como una arista forzada del eterno debate hombre-mujer. Porque un maricón, por muy maricón que sea, no deja de ser un hombre. Y lo mismo una lesbiana —digo pretendiendo abrir otra opción al discurso.

—¿Me estás llamando neurótica?

—Sí. Creo que estás llevando muy lejos una opinión que puede ir en tu contra.

—¿Pero tú has estado en esas cenas donde le presentas tu nuevo novio a tu cuadrilla de amigos gays? ¿Has estado de verdad en una de ellas?

—No. La de esta noche será la primera.

—Bueno, pues déjame seguir... Las locas llegan a hacerse dueñas del lugar y, de pronto, saben más que tú y que tu novio de los vinos que hay pedir. Luego empiezan a hablar con el novio, sardo o dentista, y conocen —no sé cómo— todos sus gustos: el coche, el equipo de fútbol o el de baloncesto; que es algo que nunca entenderé: ¿cómo pueden existir gays que disfruten del baloncesto?

—Por lo que me cuentas —respondo— no es que haya un conflicto de las mujeres con sus amigos gays. Tu problema, cariño, es que estás rodeada de hijos de puta. Cambia ahora mismo de amigos. Y en cuanto al baloncesto, es un deporte que los yugoslavos juegan como nadie.

—Ya, ya. Y el resultado es Milosevic, ¿verdad? —apunta rápida Vicky—. Sé que mi lucha es solitaria y que en estos tiempos políticamente correctos nadie me entenderá. Pero que sepas que lo políticamente correcto empieza a demostrarse como una falacia. Algún día se me dará la razón: los amigos gays, al igual que cualquier otro varón, sólo quieren joderte la vida.

—Bueno —digo calmándola—, volvamos a esa cena con el novio que acabas de conocer. ¿Qué más hacen los dráculas gays?

—Si es dentista, como te decía antes, saben del último modelo de instrumento dental que tú jamás imaginarías que existiese. Y, bueno… es humillante…

—Y el dentista, al final, se va con ellos, claro… —remato.

—A tomar una copa. Y al día siguiente te comenta que son encantadores, con firmeza en la voz como para tranquilizarte, de que no se ha acostado con ellos…

—¿Pero eso no es importante, verdad?

—No. Lo importante no es que tenga un desliz con ellos. Lo importante es que siempre puede follarte, y sin embargo, se va; mientras que esa copa inocente y divertida con tu amigo gay se convertirá en una amistad mucho más duradera. La estocada final vendrá cuando empieces a ir a fiestas de tus amigos gays, y allí está el dentista, encantado y riendo, con una cuarentona distinta en cada vez.

—¿A qué hora tienes que llamar a tu psicoanalista lacaniano en París?

—¿Crees que me estoy volviendo paranoica?

—Pero, vamos a ver, si sólo el diez por ciento de la población mundial es gay, ¿dónde están todos esos hombres que pueden cenar contigo en un restaurante normal?

—Con jovencitas de veintiún años —afirma rotunda.

—En cierta manera son como ambiguos proyectos de mujer —le comento.

—Claro, ésa es otra de las cosas que te dicen los gays para mantenerte atada: que los hombres se acuestan con muchachitas porque es como si lo hicieran con ese amiguito del instituto con el que nunca se atrevieron a compartir una paja. Y es mentira, porque esas niñas de veintiún años... son auténticos monumentos. Todo en su sitio. Y, por más vueltas que le des, no se parecen en NADA a un hombre.

—¿Preferirías conocer un hombre que hubiera descubierto el sexo con animales de granja?

—Me habría encantado que mi primer marido fuera así. ¡Tantas horas de diálogo marica habría evitado!

—¿En qué consiste ese diálogo marica?

—En algo más o menos similar a lo que estamos haciendo ahora. Al principio resulta muy interesante, sobre todo cuando se habla de cosméticos. Todos los amigos gays son enciclopedias ambulantes de productos antiarrugas. Y es desconcertante que sean tan solidarios con esa información y la compartan con desconocidas. Una mujer no hace eso. Una descubre una pócima contra la falta de colágeno y te vas con ella a la tumba. A veces me hago una pregunta: ¿de dónde habrá salido el entorno gay?

—Dicen que de las escuelas de arquitectura del mundo entero —respondo con seguridad.

—¿Crees que si hubiera estudiado ingeniería jamás hubiera conocido un gay? Y, a propósito, ¿sabes aquello de que el arquitecto no es lo suficientemente hombre para ser ingeniero, ni lo suficientemente marica para ser decorador?

—¿Tienes el *copyright* de esa frase?

—Quiero comentarte algo de nuestra amiga Patricia, ¿la recuerdas? —me interroga.

—Divina. Le combinaba a la perfección el aroma de su hidratante con el perfume. ¿Qué ha pasado con ella? ¿No estaba casada con ese editor de revistas de arte absolutamente divino, que bebía sus *gin tonics* con unas gotitas de amargo de Angostura? Patricia era una mujer súper discreta.

—Pues la vi la otra noche rodeada de vampiros gays en una orgía de Guccis y Gallianos que me hizo sentir mal. Esa chica discreta estaba en el centro de la mesa agitando las manos, gritando, riendo fuerte y luego bailando en una esquina del bar con uno de esos Dráculas.

—Me preocupa que lleves esta campaña demasiado lejos y que termines como una nueva Anita Bryant.

—¿Quién es Anita Bryant?

—Según tu teoría, una pionera. Fue la primera mujer en levantar su voz contra las libertades homosexuales. Durante años se la señaló como una paladina de la homofobia que buscaba que en Estados Unidos se calificara la homosexualidad como aberración. Los movimientos gays la demonizaron y ella terminó pidiendo disculpas para languidecer ahora en el olvido.

—Me encantaría conocerla. El tema de la homofobia es alarmante. Como casi todas las cosas políticamente correctas, lleva implícita una trampa. ¿Si miras mal a un gay, eso es homofobia?

—Si le insultas y bloqueas su crecimiento como individuo y ciudadano, es homofobia. Intolerancia hacia la definición sexual de una persona.

—Pero es que ahora sales con un hombre, dentista o no, y vas a su casa y empiezas a ver detalles. Los platos limpios. Los *kilts* del apartamento demasiado divinos. El armario del baño con todos los productos acertados. Ese desodorante que le has visto a tus amigos gays. El reafirmante de abdominales y el reduceojeras. El aceite para el pelo y el anticaspa. O el antidurezas de los pies. Sin hablar de la colección de geles de baños. Vas a la habitación y esas temibles sábanas de lino egipcio, en variedad de colores masculinos…

—Sí, sí —continúo yo, esos tonos café, tabaco, humo, índigo…

—¡Eso es influencia del vampiro gay! Porque un hombre normal no sabe diferenciar un índigo de un azul petróleo.

—Cariño, no te excites así… —intento calmarla.

—Y luego empieza a follarte… con una suavidad, una entrega, un goce y una capacidad aventurera…

—¿Sospechosa?

—Perturbadora. Exploran fronteras….

—¿Masaje prostático... te refieres?

—Es que, perdóname, lo de jugar con el perineo de tu hombre es una cosa que las mujeres llevamos haciendo toda la vida. Es nuestra la idea de sodomizar al varón y nos lo han robado los vampiros maricones.

—¿Has hablado de esto con tu psicoterapeuta? —le propongo inquieto.

—Lo que te digo es absolutamente cierto. Y ahora vienen esos pobres hombres con los jueguecitos eróticos de introducir un dedo en el culo y se ven obligados a decirte que no son gays. Cuando, de toda la vida, se asumía que ese tipo de cosas se hacían para conseguir un orgasmo masculino.

—¿De toda la vida? Yo creo que es algo reciente…

—¡Ése es el típico discurso totalitario de los gays varones que no estoy dispuesta a seguir aceptando! Los hombres saben que tienen una próstata divina gracias a las mujeres.

—¿Has contabilizado las veces que dices *divina* al día?

—Más o menos una por cada cigarrillo que fumo. Y fumo paquete y medio.

—¿Quién te enseñó primero a decir *divino,* tu abuela o el primer maricón que conociste?

—¿Insinúas con eso que una ya estaba predestinada a estar rodeada de maricas? Pues, ahora que lo dices, mi hija de quince años ya tiene dos amigos gays y comparten tintes para el cabello y postales de Kurt Cobain.

—Son las siete y media, cariño, tu terapeuta te espera en París.

Crónica ocho

La cuñada noruega

Eva Sannum recupera el estilo *Flash Dance* para gloria de esos años ochenta que no quieren abandonarnos. El azul eléctrico es la respuesta plebeya al *Blue royal* que impusieron los guillotinados Luis XVI y la eterna incomprendida María Antonieta

Mette-Marit, posible futura reina de Noruega, dio una rueda de prensa días antes de su boda con el heredero al trono. No hay que olvidar, ni por un instante, que los noruegos tienen un muy alto poder adquisitivo y que fueron de los primeros en separarse del tratado que confirmó la Unión Europea. Son, además, bastante proclives a establecer récords y Mette-Marit acaba de apuntarse uno: reconocer públicamente sus problemas reales, que no *Reales*.

Una de las claves de la verdad alterada en Europa es la convivencia entre lo real —es decir, lo que sucede o al menos se supone que sucede— y lo Real, que es todo aquello adjudicado a personas diferentes, que no viven vidas verdaderas, sino reglas establecidas por una institución, en este caso la monarquía; una monarquía que en los últimos siglos se debate entre el adorno y la industria. Es decir, una maquinaria que con pocos «obreros» es capaz de generar inmensos dividendos, debido a su condición de «fuente» permanente de noticias y titulares. Llenan y llenan páginas en un mundo ávido de información que haga soñar; información que cree mundos inexistentes o múltiples verdades alteradas repetidas en largos pasillos de espejos.

En la famosa rueda de prensa, Mette-Marit miraba hacia un punto impreciso: ora el suelo, ora el pantalón de algún periodista sin estilo; y, por supuesto, a su prometido, pero siempre con el tacto suficiente para separarlo de su propio pasado conflictivo y subrayar el maravilloso *bouquet* de buenas nuevas que él ha instalado en su vida. Mette-Marit fue desgranando, sucinta y nórdica, las vicisitudes de su «error»; lo que ella presentó como «un período en su vida en el que quiso rebasar las barreras de lo establecido». Es decir, volverse loca, drogarse muchísimo, tener un hijo con un ex traficante de drogas o ir a un concurso de televisión a buscar novio... En definitiva, un rosario de curiosidades más propio de una aspirante a *Gran hermano* que de una posible reina de Noruega.

Mette-Marit es la primera futura reina de un país europeo que reconoce su drogadicción, con toda la carga negativa que tal cosa conlleva en estos tiempos conservadores e implacables. Y, sin embargo, para sorpresa de quienes se aprovechan de los errores ajenos, Mette-Marit triunfa por su honestidad. Seduce, convence, aclara y despacha el asunto para enfrentarse a un hecho mucho más positivo: ser reina.

«La primera reina drogadicta» no fue el titular que despertó a Mette-Marit al día siguiente de su rueda de prensa, sino uno mucho más reflexivo: «¿Se ha modernizado la Monarquía? ¿Se ha acercado, al fin, a las experiencias actuales de sus súbditos?». En un principio así lo pareciera. De hecho, Mette-Marit es una posible reina que pertenece a una generación, la nacida entre los sesenta y los setenta, y que no sólo ha convivido con la televisión como referente cultural, sino que también ha conocido experiencias lo suficientemente marginales como para poner en duda las armas poderosas de una Iglesia intransigente. No me refiero a la luterana, bajo cuyo rito Mette-Marit contrajo matrimonio, sino a la todopoderosa Iglesia católica; un catolicismo que observa cómo los reyes son ajenos a cualquier compromiso que no conlleve sostener su poder frente a los huracanes de la modernidad.

Se dice que Mette-Marit, de llegar a reinar, será la última reina de una institución condenada. Es decir, con su modernidad, con su hijo, con su pasado de drogas y con su expulsión de Australia (por cierto, ¿qué habrá más grave que asustar a unos pobres canguros?), la futura reina noruega colocará a la nación en un espacio demasiado moderno para el resto de sus compañeros de nobleza. Sin embargo, y a pesar de todo, su boda se convierte en el evento real que sustituye los ya cansinos paseos por los fiordos o el desfile anual de trajes en forma de buque vikingo de la querida Margarita de Dinamarca.

Y al mismo tiempo, esta boda da una sonora bofetada a la corona británica; a esa monarquía-símbolo en la que Carlos se casó sin amor, Diana pereció engañada y la princesa Margarita, la primera y fantástica diva real de los años sesenta, languidece en una silla de ruedas, convertida en caricatura y despojo de sí misma y de la institución real.

Pero en la boda de Mette-Marit brilla otra estrella, de profesión modelo, que podría ser, no ya novia del Príncipe de Asturias, sino reina de España. Y aquí surge la primera contradicción en la relación de España con su monarquía. Eva Sannum, la modelo que podría ser reina, posee características tan modernas como Mette-Marit, si bien menos polémicas. No tiene un pasado de drogas, ni hijos de ningún tipo (adoptados, abandonados, perdidos, clonados), sin embargo, ha vivido esa suerte de sueño juvenil: ser modelo. En la década de los noventa, la condición de modelo implicaba un sinfín de deseos cumplidos; entre ellos, adquirir valor por medio de la popularidad. Eva Sannum es modelo de centros comerciales; aspecto que la mayoría de los «observadores reales» no encuentran propio de reina. ¡Mentira!: toda reina en el fondo, verdadera o ficticia, es una modelo, bien sea de virtudes ciudadanas o bien sea de sueños elaborados por sus posibles súbditos.

Con todo este entramado, hay que reconocer que Noruega brilla con luz propia en el panorama europeo. Es un país petrolero, literalmente desconocido, y, sobre todo, capaz de crear y exportar reinas al resto del continente. Supone, una vez más, el auténtico triunfo del Norte sobre el Sur; sin olvidar, por supuesto, que los vikingos podrían haber descubierto América antes que el incansable Cristóbal Colón. De hecho, y de ser así, Mette-Marit, pero especialmente Eva, como reina de España, deberían recuperar las leyendas que unen a los indios de la Isla de la Pascua con sus antecesores dioses del fuego, el yunque y los mares embravecidos.

Mette-Marit, que no Eva, aporta también su propio estilo de sastre satinado; un estilo en la ropa marcado por un ligero corte de «deconstrucción formal belga». Por otro lado, las reverencias, caídas en desuso, cobran una nueva lectura cuando Mette-Marit ofrece una inclinación nada más y nada menos que a la reina Isabel de Inglaterra.

En la famosa rueda de prensa, Mette-Marit y Haakon aparecen en un salón real que recuerda a esos escenarios hollywoodenses donde Anastasia, la supuesta hija de los zares, o bien la princesa descalza, divinamente recreada por Audrey Hepburn en *Vacaciones en Roma,* celebran similares ruedas de prensa. Tanto en la ficción del celuloide de los años cincuenta como en la realidad retransmitida por programas rosa de la televisión mundial, las tres princesas (es decir, las dos falsas y la única real), responden al mismo grupo de periodistas en prácticamente los mismos espacios. Y esta coincidencia no deja de ser terrible. O al menos, alterada. Las cortes de la anciana Europa cada vez copian más los guiones y las escenografías del inmortal Hollywood; lo cual da lugar a una verdad alterada donde la monarquía pasa a convertirse en una recreación de las democracias, de sus sociedades capitalistas y de sus fábricas de sueños. ¿La monarquía es mucho más invencible de lo que creemos? ¿Nos interesa realmente saberlo? Italia acabó con sus reyes. Centroeuropa tímidamente los recupera, pero siempre amparados en una estricta relación con sus iglesias; iglesias poderosas por su personalidad única y ortodoxa.

No puede saberse si Mette-Marit reinará. Seguramente a sus súbditos les dé igual: están encantados con su sinceridad y con su valentía a la hora de afrontar lo que ni siquiera enfermos absolutos de una adicción son capaces de reconocer. Sin duda, su personal creación de un nuevo tipo de sinceridad monárquica hubiera detenido más de una guerra en Europa. Sin embargo, su boda provocó una histérica reacción por parte de la prensa española ante el *affaire* Príncipe de Asturias-Eva Sannum. En este asunto, no debemos olvidar que la reina Doña Sofía en otra ocasión ya ejerció el veto a una relación amorosa de su hijo. Recuérdese el caso de Isabel Sartorius, primer amor público del heredero a la Corona. Isabel Sartorius fue censurada como reina, en un principio, porque ambos eran muy jóvenes para pensar en matrimonio. Sin embargo, hay una segunda lectura: Isabel Sartorius tiene una madre dos veces divorciada y con una vida calificada de poco ortodoxa en Buenos Aires. Por otro lado, se insinuó también como motivo de rechazo la vinculación familiar de la joven con uno de los pilares del pensamiento comunista español, Nicolás Sartorius. Pero viendo la simpática relación que la Reina sostiene con Carmen Romero, la esposa del ex presidente socialista Felipe González, esta teoría pierde peso frente a la más sólida: que la Reina no vio con buenos ojos la conducta de su futura suegra, sabiendo además que las tradiciones, virtudes y problemas se heredan tanto en la vida plebeya como en la real.

Con Eva Sannum, el Príncipe ha sobrepasado los treinta años y espera la construcción de una casa propia de setecientos millones de pesetas, que en la España de los escándalos financieros parece una cifra coherente para un palacio principesco. Deportista, teutónico de estatura, encantador, admirador de Alejandro Sanz y Miguel Bosé, el Príncipe es moderno e independiente y al mismo tiempo defensor de las tradiciones de su cargo. Le encantan sus uniformes de marina, pilota aviones de combate y lee con avidez publicaciones sobre motos. Esto último lo he podido comprobar personalmente. Me explico. Yo venía de regreso de un festival de cine en Alfás del Pi junto con Miguel Bosé, Marisa Paredes, Bibi Andersen y Rossy de Palma. Estuvimos esperando dentro del avión con destino a Madrid hasta que una furgoneta de la guardia civil paró a los pies de la escalerilla y en menos de un parpadear la alta figura del Príncipe aparecía delante de nuestros ojos atónitos. Bosé, de quien el Príncipe una vez dijo «no soy Miguelito Bosé», se levantó de su asiento a saludar. Yo lo hice del mío, que era de pasillo, para permitirles mayor comodidad en el diálogo. Recuerdo mi ropa: unas bermudas que una vez fueron azul marino y Armani, y que ahora me daban aspecto de rockero anti-monárquico e irrespetuoso. El Príncipe no se fijó en mí, desde luego —aún no salía en televisión— pero explicó rápidamente que venía de unas inspecciones en bases navales de Alicante y debía tomar ese avión regular. Como era de esperar, se disculpó por las molestias. Todos estábamos encantados. Se retiró a su asiento y enterró su cabeza en una revista de motos y coches de carrera. Y así todo el trayecto.

Confieso que ha habido varias ocasiones en las que me habría gustado encontrarme con su Alteza Real. Una de ellas fue su muy comentada aparición en la fiesta posterior al estreno de la película gay *Amor de hombre*. El Príncipe casualmente coincidió en la discoteca con los celebrantes del filme. Fue esta aparición fortuita la que disparó los rumores de su posible homosexualidad; rumor que llegó a algunos periódicos del país y provocó que en *Crónicas marcianas* un colaborador afirmara que dicho rumor era muy conocido. De inmediato la Casa Real pidió que el programa se retractara, y su director, Javier Sardá, contestó que cualquier persona de España, entre ellas desde luego el Príncipe de Asturias, podía exigir una disculpa si algo de lo que se dijera en él les resultara ofensivo.

El incidente pesó como una losa sobre muchos medios de comunicación. Y en un país que ha hecho de la rumorología una de sus máximas verdades alteradas (y casi una moral añadida a la moral visible), la posibilidad de que el Príncipe fuera gay dio vida a toda una polémica. Sin embargo, nadie quiso decir, para no arruinar la fuerza del rumor, que un príncipe, de por sí, es un ser carente de sexualidad; una persona con un poder inasible; un cargo o un estandarte antes que una revolución. Un príncipe no tiene necesidad de ejercer magnetismo erótico. España vuelve a demostrar, con su Príncipe, que es diferente. Porque el Príncipe de Asturias es guapo, alto y alejado del complejo de «españolito»; de ojos verdes y capaz de generar una cierta libido que, personalmente, reitero, encuentro innecesaria. Creo que todas las personas, gays o *straight*, que me confiesan estar enamoradas del Príncipe lo dicen en tono de provocación. Porque enamorarse de un príncipe tiene sus bemoles. Y son muchos. Casarse con el resto de la familia. Pasar el resto de la vida haciendo cosas agotadoras e inútiles. Saludar. Ver fiordos desde botes reales. Esperar un trono, que como una lotería, nunca se sabe cuándo te va a tocar. Eva Sannum, la modelo noruega, parece ser una de estas chicas con el aguante necesario o con el cerebro lo suficientemente desvaído como para aceptar semejante rol. En la boda de Mette-Marit, quizás para reforzar la leyenda de Cenicienta, se vio obligada a llegar una hora antes que los novios y que su supuesto enamorado real. Y lo hizo vestida con un traje largo de azul eléctrico —color que creíamos perdido en los antípodas de *Flash Dance*— y un escote exagerado, medio cubierto por un chalecito de seda fría. Este escote, igual que el palabradehonor con el que Diana apareció en su primer acto público como novia formal de Carlos de Inglaterra, es la primera gran radiografía de Sannum y del componente masculino español de nuestro Príncipe de Asturias. El famoso y vulgar refrán de «dos tetas tiran más...» —imposible de traducir a otro idioma— tiene aquí dos razones en las que sustentarse. El Príncipe, ajeno a los españoles normales por su estatura y su rango, sí siente sin embargo una fuerte atracción por lo que gusta al resto de los hombres de su país: tetas. Podría escribirlo con una palabra más suave, más principesca, pero sospecho que nuestro heredero prefiere la llaneza que, por otra parte, ha hecho tan popular a su padre entre sus súbditos. Así dicho, el escote de Eva Sannum no habla de las preferencias de la modelo a la hora de vestir; habla más bien de las exigencias del Príncipe para con su elegida. «Quiero verte y quiero ver cómo otros te ven»: un código de conducta machista, y muy ibérico, que implica presentar a la novia, compañera o esposa, como el mejor adorno del varón.

El escote de esa mujer tiene que ser visible, seguramente porque la educación católica, una vez más, en su afán histórico por cubrir, no ha hecho más que excitar su demostración. Mette-Marit, completamente nórdica, acostumbrada a la exhibición de cuerpos masculinos y femeninos desnudos en las saunas a las que su cultura es tan proclive, escoge como traje un modelo medieval que cubre su pecho, pero deja expuesta la pureza de su largo cuello. Sannum, también futura reina nórdica, pero de un país cálido, aparece, sin embargo, como una rica latinoamericana en una fiesta de Miami: senos y seda eléctrica para provocar y halagar el gusto de su novio que, harto de princesitas de cuento, quiere una vikinga todo terreno.

Si se casa con el Príncipe, Sannum no podrá repetir este tipo de modelo. La madre de su prometido y la Conferencia Episcopal lograrán que escoja un diseño seguramente tan desafortunado como el que vistió la malograda Diana en su boda: un desmesurado traje de vuelos, encajes y kilómetros de tela propios de una década en que la ostentación fue símbolo.

Mette-Marit ha confesado su pasado «salvaje» y ha aprovechado el instante para lanzar una andanada personal en la lucha contra el consumo de drogas. Haakon ha inventado un nuevo gesto de cariño hacia su cónyuge. Éste consiste en acariciar las cejas, no los ojos ni los párpados, sino las cejas, con un dulce dedo índice de movimiento lento y seguro. El hijo de la anterior relación de Mette-Marit es una de esas deliciosas bofetadas a la Iglesia católica que no puedo dejar de aplaudir: se ha creado un nuevo tipo de familia bendecida por los segundos representantes de Dios en la tierra, después de la Iglesia: los reyes de las monarquías europeas.

En eso Mette-Marit es única y desde luego una nueva fuerza con la que medirse en el entramado monárquico de Europa. Mette-Marit apoya a su amiga Eva Sannum para que reine en España y para que se case con el hombre que la ha enamorado y por el que se ha vestido con ese traje de reminiscencias *Falcon Crest*. Y lógicamente, si el Príncipe va a vivir en una casa de setecientos millones, su compañera —posible reina— ha de desfilar atrapada en creaciones tan ostentosas como el presupuesto de esas obras.

Mette-Marit, esa princesa que una vez acudiera a un programa de telebasura a buscar novio y ganara a un chico absurdo con una coleta a lo Antonio Banderas, ha logrado destronar a Doña Sofía. Con su boda, ha dejado K.O. a nuestra reina, defensora de una moral que ha perdido *status*. En las imágenes de la ceremonia religiosa, puede verse el profundo aburrimiento de Doña Sofía, que no deja de abanicarse ante un calor inexistente en Oslo y con un gesto de fastidio, o de tensa ansiedad, ante la proximidad de Sannum. A medida que avanza el que debió ser un largo día para ella, cada vez la vemos más fuera de plano, seguramente intentado impedir que la foto de su hijo con la modelo noruega llegara a producirse. Mal despertar debió de tener Doña Sofía cuando la todopoderosa agencia de prensa de la Zarzuela le confirmara que, salvo el *ABC*, los periódicos españoles publicaban en portada ese momento príncipe y corista; ese momento convertido en humillación pública gracias a otra verdad alterada: esa que discurre desde la ficción hollywoodense hacia la realidad monárquica española.

Mette-Marit se ha convertido en ese aire fresco que las monarquías van mendigando por el anciano continente y que cuando al fin lo encuentran es vendaval y a veces, como en este caso, huracán con nombre femenino.

La reina luchará contra Eva Sannum sólo hasta que asuma el desfase de su criterio. Y aunque el Príncipe sustituyera a Eva Sannum por otra Sammy Joe (personaje de la serie *Dinastía)*, en sus súbditos quedará claro el tipo de chica que tanto le gusta: un estilo a medio camino entre el machismo peninsular y la tontería de esa América, de ese Georgetown, donde le educaron para ser todavía más príncipe. Lo que demuestra también que la formación universitaria americana recibida por los miembros jóvenes de la monarquía es más fuerte que los setecientos años de historia atrincherada en cada esquina de sus palacios; esos palacios, en los que, por cierto, la reina no quiso educar a sus hijos para que, precisamente ahora, su ojito derecho la conduzca suavemente de la mano a su propio cadalso.

Recuerdo brevemente cómo conocí a Eva Sannum. Ocurrió en una fiesta del que fuera su agente en Madrid, Carlos Mundi. Mundi daba un homenaje a Marisa Berenson y, como condición, todos los invitados debían ir vestidos de blanco: ese tipo de fiestas temáticas que fue gran locura en los setenta y que esa noche de mediados de los noventa significaba un agobio para servidor, que no posee un traje blanco estilo Visconti ni mucho menos una guayabera a lo García Márquez. Ni siquiera el maravilloso liqui liqui, que es el traje típico venezolano y que a uno de los presidentes más corruptos de mi país, Carlos Andrés Pérez, le encantaba vestir. Sin traje blanco acudí a la fiesta temiendo lo peor por no cumplir con el código. Para nada. Dentro estaba Marisa Berenson, siempre perfecta y siempre repitiendo su famoso mantra: «sólo vengo a las ciudades donde tengo trabajo». Junto a ella, los modelos de Mundi y el propio Mundi. Una de esas chicas, con un traje como de esposa polígama del estado de Utah, era Eva Sannum. Mantuvimos ese típico diálogo de extranjeros sobre España.

—Toman mucho aceite —dijo ella.

—Sí, enchumban todo con aceite. Da miedo ver cómo aliñan las ensaladas —confirmé.

—Pero me encantan los horarios que tienen. Es como si todo el mundo fuera «salvaje» —justo el calificativo que Mette-Marit, la mujer guillotina de la monarquía, empleó al definir su pasado.

—Y los hombres son muy educados. Tienen como esa educación de ser caballeros españoles, ¿no crees? —le dije, y ella sonrió enigmática.

—Yo sólo conozco modelos, y los modelos son similares en todas partes —añadió con cierto gesto de fastidio.

Evidentemente, para ambos la vida ha dado un vuelco considerable desde entonces. Siempre imagino que, si alguna vez volviéramos a cruzarnos, ella no recordaría este encuentro y mucho menos mi nombre o mi existencia.

Mi amiga *fashion victim,* siempre interesada en los atuendos de la Reina de la Moda, es decir, la hermana del Príncipe y posible cuñada de esta nórdica versión Sammy Joe, me llama sobresaltada.

—¿Cómo crees que se llevarán Elena y Eva teniendo esos estilos tan diferentes de vestir?

—Marichalar tendrá que hacer dos listas en cada desfile. Una oficial para su esposa y la otra, fantasía cara, para la cuñada nórdica —respondo con naturalidad.

—¿Sabes qué te digo? Estoy teniendo una visión. ¿Cómo se llama ese premio insólito que un grupo de damas de la sociedad española dan a los diseñadores de moda?

—La Aguja de Oro.

—Pues estoy segura de que en 2002 se lo darán, y todo el mundo estará de acuerdo: a Jaime de Marichalar, por su contribución a la Corona española.

Crónica nueve

Transexual en el gimnasio

Jill es la transexual más joven de España. Antes de cumplir veinte años, cambió de sexo. En el siglo veintiuno los transexuales dominan al resto de los habitantes de la verdad alterada

Como tanta gente, tengo un problema con mi figura. Soy hijo de bailarina y cuando niño detecté que mi forma ósea no se parecía a la de los compañeros de profesión de mi madre. Les veía entrenarse diariamente, después del colegio, y me daba cuenta de que mis piernas no eran igual de fuertes ni mi estómago igual de liso ni mi culo tan portentoso. Esa imagen esclavizó buena parte de mi infancia: porque no sabía qué hacer para igualar esas formas. Aunque hubiera sido fácil confesarle a mi madre todas mis angustias, por varias razones la idea no llegó a cuajar en mi cerebro: Si se lo contaba, *a)* tendría que explicar mi homosexualidad ya latentísima y *b)* me habría de comprometer a seguir el trabajo de mi madre sabiendo perfectamente que carezco de capacidad para la disciplina.

Como en todas las infancias, la convivencia con este hecho generó más de un conflicto. En mi colegio, de tendencia izquierdista marcada, ofrecían clases de gimnasia.

Pero yo sabía, por horas de observación, que una clase de barra de ballet clásico NO es comparable a ese conjunto de flexiones siempre mal enseñadas de la educación física. Además, mis profesores de gimnasia, tanto en primaria como en secundaria, carecían de sensibilidad para tratar a un chico como yo, que gustaba de vestir kimonos o capas de Superman y recitar versos de Calderón. Las otras opciones deportivas eran vilmente masculinas y consistían bien en partidos de béisbol infantil, atroces y absurdos, bien en un atletismo influido por la escuela cubana de preparación física, es decir, buscar un descampado, agarrar un palo y lanzarse a la práctica del salto de pértiga sobre unas colchonetas horrendas. Confieso que el concepto peligroso y semimarginal que envolvía a este deporte me sedujo, pero sufro de vértigo y, peor aún, mis músculos jamás han sido flexibles. Por ello dije adiós al salto y al ballet materno. Pero vino, casi enviada por el Todopoderoso, la natación. Y por esas cosas de la vida, el niño achinado y afeminado devino en dulce y casi alado delfín bajo el cloro.

Ya en los ochenta, cuando cruzaba la adolescencia y se me veía venir una barriguita que jamás ha querido separarse de mí, me apunté a un gimnasio y entré de lleno en el universo Eva Nasarre, que es a su vez un subproducto del megauniverso Jane Fonda. Sin embargo, al igual que ha sucedido con Eva Nasarre, el deporte no logró eliminar lo que la naturaleza había creado. De todos modos, el gimnasio se ha mantenido en mí como una suerte de base aérea americana, anclada desde el final de la Segunda Guerra Mundial en lugares que nadie pone en duda ni tampoco cuestiona: tipo la base de la Rota, por ejemplo. Así, he ido cambiando de ciudades a lo largo de mi vida, pero siempre acompañado de mi barriga y mis pectorales de tendencia rubeniana.

Mi última adquisición, en el gimnasio Dyr, es un joven navarro que pertenece a ese nuevo ejército de amigos de la verdad alterada conocidos como Entrenadores Personales. Es un asunto que causa mucha risa tanto a mis compañeros de profesión como a los espectadores que me ven desnudarme noche sí, noche también en *Crónicas marcianas*.

«¿Qué hace exactamente tu entrenador personal?», me preguntan. Pienso en la seriedad del susodicho y creo que soy un desastre para su *curriculum*. Mi entrenador personal apareció en mi vida, fruto de una desorientación profunda. Me había inscrito en el gimnasio y no sabía ni cuál era la puerta de la sala de musculación ni cuál la del vestuario. Y allí apareció él. Miré su camiseta donde leí no sólo la sombra de unos perfectos pectorales, sino la palabra entrenador personal. Y así asumí que había llegado la hora decisiva para mí, es decir, ese momento en que ya tu cuerpo no puede entrenarse solo y necesita una ayuda extra.

En realidad la labor de un entrenador personal es similar a la de ese tipo enrollado y macizo que introduce en el mundo del gimnasio a su amigo más enclenque; sólo que en edades como la mía, ese altruismo homoerótico se vuelve relación profesional remunerada. Mi entrenador personal cobra por sesión una tarifa que él y el gimnasio han establecido. Yo asisto y escucho resignado sus quejas sobre mis hábitos alcohólicos y alimenticios. Entonces viene una tabla de ejercicios que siempre te hacen sentir ridículo y una especie de psicoanálisis activo que es mucho más interesante que el tradicional. A mi entrenador personal se le han sumado otras amistades típicas de gimnasio. Por un lado, un atractivísimo vendedor de productos para adelgazar a base de hierbas desconocidas y con nombres en inglés; por otro, un joven ejecutivo que, según mi entrenador personal, está buscando su auténtica identidad sexual; también, un ama de casa que realiza actividades inmobiliarias mientras acciona máquinas de musculación; y finalmente, un joven transexual con problemas para cambiarse en los vestuarios de mujeres u hombres.

«Seguro que la conoces. Ha ido a *Crónicas marcianas* a denunciar que se la discrimina en este gimnasio y la han vuelto a aceptar», me dice mi entrenador personal.

Claro que la recuerdo. Llegó divinamente vestida de blanco y nadie se atrevió a decirle que ése es un color vetado en la televisión porque altera el sistema de iluminación. Cuando la vi en el pasillo noté su fuerte personalidad: fuerte para liberar su sexualidad del cuerpo que la atrapaba y fuerte para que nadie modifique sus criterios a la hora de vestir. Sardá la entrevistó. Ella con mucha coherencia fue enumerando las vicisitudes que vivía en nuestro gimnasio y cómo le prohibían cambiarse en el servicio de chicas: no olvidemos que como buena parte de las transexuales que adquieren una cierta notoriedad... todavía no era del todo la mujer que deseaba ser.

—Pero sólo puedes decir que eres transexual cuando de verdad te has cortado el pito. O, bueno, te has puesto coño —dice uno de mis amigos del gimnasio.

—El tema de la transexualidad está todavía muy verde en España —dice otro.

—Coño, tío, si hace nada estábamos yendo a misa con toda la familia, ya me dirás. Bastante hemos hecho con aceptar que por ser medio moros es probable que seamos todos un poco maricones.

—Yo eso no lo he aceptado todavía —dice el primero.

La discusión, que por supuesto sucede en el enorme baño de vapor del gimnasio, tiene su aquel. Los españoles son aparentemente los miembros más sexuales y excitados del continente europeo, pero aun así el sexo continúa siendo un perfecto desconocido. Y claro, una persona que decide cambiar la capacidad de maquillarse puede resultar algo chocante.

Entre vapores, mis compañeros escuchan muy serios mi discurso.

—Un transexual no es un travesti. Pero no es fácil ir de una definición a otra. Además, hay muchos obstáculos. Por ejemplo, el obstáculo personal: asumir el problema de ser una mujer en el cuerpo de un hombre, que es el caso más conocido. O el de un hombre en el cuerpo de una chica, que los hay y también han venido a *Crónicas marcianas.*

—Invitáis a cada gente... —exclama uno.

—Se trataba de una pareja de chicas lesbianas —continúo—, una de las cuales quería volverse hombre para amar todavía más a su chica que era bisexual.

—Estoy empezando a perderme de nuevo —dice otro de mis amigos.

—El hecho es que, en el caso más conocido, el del varón que desea transformarse en mujer, tienes que irte hormonando paulatinamente.

—Para las tetas...

—Y para otras cosas propias del sexo femenino —concluyo.

—Pero si nunca van a menstruar.

—Ya, pero está el aspecto estético; el vello, por ejemplo, que hay que ir eliminando. O la testosterona que la debes destruir del todo.

—¿Más o menos cuánto dura ese proceso? —pregunta el joven ejecutivo con conflictos de identidad.

—Bastante, no es como una dieta. Además, durante el proceso debes recibir ayuda psicológica. Y cuando todo está hormonado, creo que se empieza con las operaciones, que es la consecución de ese cuerpo idealizado que tanto tiempo ha estado oculto dentro de tu cuerpo.

El vendedor de hierbas dietéticas gringas repasa cada una de las gotas de sudor que emanan de su cuerpo fibroso.

—¿Estás seguro de que nada de lo que dices se puede conseguir con productos de hierbas o gimnasio? —pregunta.

—Hombre, no puedes hacerte un par de tetas femeninas con una barra de chocolate ficticio —esgrime el ejecutivo.

—El hecho es que cuando alcanzan ese punto de las intervenciones quirúrgicas, tienen que esperar para dar el paso final: el definitivo cambio de sexo.

—Chas... —dice mi entrenador personal.

—Bueno, nunca he estado presente en ninguna de esas operaciones —indico—, pero no hay que olvidar un detalle: cuando te has gastado un dinero en conseguir la parte superior, es decir, lo más superficial de toda la transformación, te quedas sin un duro y debes esperar un tiempo para ahorrar lo de la segunda parte.

—He oído que en Andalucía lo subvenciona la Seguridad Social.

—¡Ya están los andaluces con sus rarezas! —dice el ejecutivo.

—Pero no creas que es fácil —sigo—. En el Reino Unido, antes de Thatcher, era completamente gratis, previo extenso examen psicológico. Un amigo de mis padres, novio de una importante autora de cuentos infantiles de Venezuela, se enamoró de una poeta díscola. Y esta poeta díscola le dijo que nunca podría amarlo como hombre, porque ella le quería como a una mujer.

—Pero, no entiendo, ¿ya era hermafrodita?

—No, era como una cuestión literaria. El hecho es que el amigo de mis padres se enamoró tanto de esta poeta maldita que acudió a un psicólogo en Londres. Éste le facilitó los papeles para obtener la ayuda y se hizo mujer, completamente gratis.

Mis amigos del gimnasio quedan mudos mientras la máquina de vapor expele como la garganta de una mujer dormida. El joven de los productos dietéticos atusa su melenita pija, deseando encontrar en ella el epicentro de esta loca realidad transexual. El ejecutivo, confundido, le mira, e intuyo que en su indecisión habita también un profundo amor hacia este joven; un profundo amor que por nada del mundo (ni por palabra mal empleada, ni por verdad alterada alguna) ha de evitar que el sexo de ambos deje de colgar. Mi entrenador personal se levanta con ese mal andar característico de los musculados y abre la puerta del vapor. Vuelve a cerrarla.

—Ostras, deberías ver esto.

Nos acercamos todos al cristal redondo que corona la puerta, agitamos con nuestros puños el vaho y allí la vemos, o le vemos: emerge de una de las duchas, con un minúsculo tanga morado y con un *piercing* en el ombligo; bate su melena de mil tintes; elimina de sus manos restos de agua y muestra, en un desafío maravilloso, dos enormes tetas de erguidísimos pezones amenazantes. Entiendo a Beige, mi amiga transexual, cuando se comparó con el minotauro. Estoy ante un ser mitológico, un ser recién llegado del futuro inmediato. Busto de mujer, tobillos de varón y una católica cinta morada cubriendo lo desconocido, lo que puede ser y aún no es. Y, sobre todo, un rostro cincelado a fuerza de verdades alteradas.

Al día siguiente, el trío de machos se reúne en torno a la maquina de abductores.

—Mis superiores me han pedido que redacte un informe sobre lo de ayer —confiesa el entrenador personal.

—Cabrón, tío. No puedes hacer eso. Van a volver a echarla de los servicios —digo.

—Debe ser muy duro para él, o ella, que no pueda cambiarse en paz en ninguna parte y que además le guste tanto entrenarse. Porque la verdad es que entrena de puta madre; muy seria —afirma mi entrenador.

Nos quedamos observándola, pero siempre con un genérico indefinido. Levanta y baja una barra de aluminio. Mira hacia el infinito que le niega su definición sexual. Repite un gesto sin significado para mantener turgentes esos senos quirúrgicos; esos senos revanchas a una naturaleza que deja de ser sabia, una vez más, en el universo de lo alterado.

Una semana después, un compañero de mi entrenador personal ha tenido que levantar acta sobre la convivencia con el transexual.

—El gimnasio teme que vuelva a tu programa de televisión y nos acuse de nuevo de discriminación.

—Pero es que realmente es una discriminación. ¿Cuál es el problema: que vaya sin bragas en el baño de chicas y obligada a llevar unas bragas absurdas en el de varones? ¿Nadie se quiere dar cuenta de que no puede ser mujer entre las mujeres ni hombre entre los hombres? —digo reivindicando.

—Es un infierno en la tierra —comenta el ejecutivo indefinido.

—Porque, claro, podría enseñar el pito en nuestro baño, ¿pero qué hacemos con las tetas? Y en el de las chicas, lo mismo. Tetas sí, pero pito no —respondo indignado.

—Si lo mides por el tamaño del minúsculo tanga, no creo que exista mucho miembro masculino.

—Callad, que allí viene.

De nuevo, los tres caballeros se dedican a la contemplación del que es mitad hombre-mitad mujer: el ejemplar sexual de un siglo que adivino mutante. Distingo en el semblante del transexual un rictus de furia que el maquillaje acentúa y vuelve mueca a lo Alexis Carrington. «Llevas razón, se le está poniendo cara de mala leche», dice el especialista en dietas herbolarias. Y el nuevo minotauro, la transexual sin vestuario, levanta y sube la barra que endurece sus pectorales intervenidos.

Terminado nuestro entrenamiento, el trío masculino se adentra en el vestuario. Dos *yayos,* nombre que el coloquialismo catalán da a los sexagenarios, salen disparados de una esquina y cruzan nuestro campo de miradas con gestos desencajados.

—Alguien habrá tenido un infarto.

Pronto descubrimos el verdadero ataque cardíaco. Nuestra transexual ha decidido rebelarse contra todo y, tras subir y bajar la barra metálica en la sala de musculación, se pasea completamente desnuda por los pasillos del vestuario de hombres. El rostro de los *yayos* barceloneses denota dos cosas sobre el *seny* catalán: mínima alteración en el rostro y un profundo desagrado ante semejante salida de tono. Es como una rebeldía sin gestos, pero con una especie de calidad telepática.

—¿Quieres decir que se siente el malestar, pero no lo ves reflejado? —dice mi entrenador personal, que pese a ser navarro entiende a la perfección la economía de sentimientos en los catalanes.

Mientras tanto, nuestra transexual continúa su peculiar desfile rebelde. Sus tetas están hoy más erguidas que nunca, redondas, fuertes, pezones superpuntiagudos. Su estómago más reducido, sus caderas más redondeadas y sus piernas deliciosas y femeninas. En medio, como un duende sonriente, un pene discernible, pero jamás rotundo. Ella se mueve con más cadencia que los senos y con fuerza contenida aprieta en sus manos el tanga morado que antes fue católica cobertura, suerte de lienzo semisagrado arrojado al pubis de un nuevo David. Sube y baja por el pasillo, por el que desfilan también estilizados aspirantes a modelos masculinos que se cruzan o se estrellan contra los muros de espejo; muros que reflejan el ir y venir del transexual.

Bajan empleados del gimnasio para poner orden, pero nuestro transexual se refugia en una ducha e inicia una larga sesión. Fuera los comentarios son murmullos crecientes.

—Tiene un mal día, hostias, y lo está pagando con nosotros —dice alguien.

—Es que es violento. Lo que hace es violento. Un cuerpo así... —continúa otro.

—Una salvajada... porque se ha atrofiado el miembro...

—No podemos estar comentando lo que pensamos de su cuerpo. El problema estriba en que no sabemos si debe seguir aquí o no.

—¿Creéis que todo se solucionaría si se cubriera con ese tanga morado? —pregunto.

—Joder, es que de pronto también puede estar incitando a los hombres mostrando ese par de tetas.

—He oído de futbolistas que se van con los travestís del Camp Nou a los que terminan haciéndoles sexo oral —comento.

—Eso no es cierto —exclama uno de los *yayos*.

Alguien plantea la posibilidad de ir a las duchas, recriminarla y amenazarla con la expulsión del gimnasio. Pero desisten de la idea cuando recuerdan que la transexual plantó cara a una acción semejante advirtiendo que demandaría judicialmente al establecimiento por maltrato.

—Su único crimen es tener un cuerpo con dos sexos —digo, pero nadie me escucha... porque nuestro transexual avanza por el pasillo que separa las duchas de los vestuarios. Sin toalla, sin tanga, con el pelo perfectamente seco y lacado y con su cuerpo maravilloso cubierto de escamas de agua, baila una canción que sólo ella escucha. Clava su mirada en todos los que no se atreven a verla. Mueve las manos en el aire como si escuchara una música mediterránea. Entran unos niños que acuden a la piscina de verano y el encargado del vestuario se apresura a cubrir sus ojos, mientras la transexual continúa su danza sin música. Mis amigos endurecen sus facciones para no traicionar gesto alguno. Yo me acerco a él, a ella, a ello.

Sin palabras veo en su mirada una rabia, un llanto que se niega a fluir. Y una despedida. Pudiendo detenerla y preguntarle si le molestaría cubrirse o si verdaderamente su baile sin música es una rebeldía absoluta, prefiero separarme y dejar que avance por el pasillo que conduce a la sala de musculación. Va agitando los muslos, impulsando su micropene hacia el desafío total, agitando los duros pezones, el pelo inamovible y la mirada cargada de furia.

Y deseo que se siente, así, desnuda/o en la máquina donde construye el músculo de su verdad alterada. Pero la vida es siempre una decepción y pronto es sujetada por dos monitores del gimnasio y devuelta a la humillación de la pacata realidad.

Mi entrenador personal culmina mi entrenamiento dos días después.

—¿Qué ha pasado con nuestra transexual? —pregunto.

No hay respuesta.

—¿La habéis enviado a un campo de concentración? —insisto con tesitura reivindicativa.

—No quiero hablar de eso —me dice.

—Joder, parece mentira que estemos en Barcelona, la que fuera capital del Bagdad y del Apollo y de todos esos bares donde se construyó la mente moderna del español medio —exclamo.

—Es que si quiere dar esos espectáculos, puede entrenar en otro gimnasio. En uno de Las Ramblas, por ejemplo, que están acostumbrados a ese tipo de personas.

—No entiendes que existe un nuevo tipo de marginal en nuestra sociedad: un tipo de persona que no sabe en qué vestuario cambiarse.

—Lo siento por ella o por él. Hemos tolerado todo lo que pudimos.

Estoy en la playa. Me adentro en el mismo mar donde unas noches atrás Beige, ese transexual sudafricano que soñaba con decirle su nombre a Madonna, quebraba su ronca voz con un lamento. Nado pensando en los parias que deambulamos por la vida creyendo que existe una justicia, un lugar para todos, una tolerancia que nos permita ser libres. Escucho el batir de las olas y las palabras de mi entrenador personal: «hemos tolerado todo lo que pudimos». ¿Cuándo se quiebra el límite?, me cuestiono. ¿Cuándo y dónde rebosa el vaso? No hay respuesta. A lo lejos, cerca de una esquina de Mediterráneo salvaje, veo las brazadas del transexual. No es un delfín, y desde luego tampoco una sirena. Es, como dijo Beige, un nuevo ser mitológico desplazándose por aguas clásicas. Deseo nadar hacia él, hacia ella, y decirle algo hermoso, algo que le impulse a seguir nadando... quizá hacia un mundo que incluya un vestuario donde ser feliz.

CRÓNICA DIEZ

PREMIOS, BUTACAS Y PELÍCULAS

© QUEEN

Nicole Kidman cumple con su papel de embajadora del Hollywood Imperialista. En el país que vio nacer a Penélope Cruz, Nicole puso una pica: «¡Puedes quedarte con mi ex marido, que yo vengo a quedarme con tu país!»

Madrid es la capital española de los estrenos. En cualquier parte del mundo se presentan películas y obras de teatro, pero en Madrid los estrenos adquieren una dimensión muy curiosa. No es que se acuda a la peluquería de una manera más disciplinada, o incluso puntual, es que un día de estreno se convierte en una fecha señalada, similar al ritual que debe atravesar una novia el día de su boda. Sólo que en un estreno cinematográfico el elenco y el director son la novia, y en Madrid, todos de repente nos volvemos novias.

Para la presentación en Madrid, el 6 de septiembre de 2001, de la película *Los otros* de Alejandro Amenábar, la ciudad se carga de una atmósfera sobresaturada. De nuevo, una llamada telefónica anuncia tempestades.

—Soy Loles, ¿tienes entradas para el estreno de *Los otros?* —pregunta la tierna voz de la actriz anarco-humorista.

—Por supuesto. Me encantaría que fuéramos juntos. Llegaré a Madrid hacia las nueve de la noche, me ducho y podemos quedar en uno de esos cafés de Gran Vía donde todo el mundo se come un sándwich antes del estreno.

—Boris, ¡esto no es esa clase de estreno! ¿Y cómo es que no estás en Madrid?

—Es que estoy en Barcelona rodando un spot de chocolates.

—¿Cómo puedes no estar en Madrid en un día como éste? —exclama Loles, y la imagino moviendo sus ojos por debajo de los párpados—. Escucha, la ciudad está enloquecida. El estreno es inmediatamente después del fin de las vacaciones de verano, y, claro, los que hemos estado fuera no hemos podido confirmar la invitación.

—Afortunadamente, me he quedado en Madrid. Cada vez estoy más convencido de que en verano no hay que moverse de casa —advierto, con voz de yaya superexperimentada.

—Cariño, si hubiéramos alcanzado esa superioridad Zen, a lo mejor ni siquiera habríamos vivido la Transición —sentencia Loles—. El hecho es que la ciudad está dividida. Por un lado, los que hemos veraneado y al no confirmar a tiempo estamos recibiendo entradas de mierda. Y por otro, los que permanecisteis durante el verano y tenéis asientos en platea.

—Loles, no toleraré que te envíen a una *mezzanina* indignante.

—Cariño, acaban de ofrecerme gallinero, porque no hay un solo asiento libre en el Palacio de la Música.

Corto la comunicación. Miro mi móvil. Lo veo más rojo que nunca. En llamadas como ésta, cuando se mastica la tragedia, la diminuta presencia de este teléfono concentra todos mis sentidos. Es el tipo de aparato al que aferrarse ante un precipicio. Mirándolo fijamente puedes preguntarte el origen del universo, el porqué de las desgracias, ese *why* intraducible y fascinante que el destino ejerce sobre los invariables cambios de la vida, sobre el ascenso y el descenso en la línea impredecible del *fatum*. Porque antes de que llamara Loles, yo pensaba asistir al estreno con mi novio, que además de admirar el talento de Amenábar, recientemente ha levantado una discreta y efectiva campaña de apoyo a favor de la actriz protagonista, la australiana Nicole Kidman.

Intento recordar todas las veces que he traicionado los planes de mi novio de disfrutar al máximo una ocasión especial. Cualquier otra persona dejaría de preocuparse por un asiento digno para una actriz importante. Pero yo no. Y yo no, porque Loles es mi amiga; porque creo que los amigos deben ser mimados hasta el mismo instante en que te traicionen (incluso después); y porque sé, con esa misma experiencia de yaya que no se mueve de casa durante el verano, que mi novio detesta los eventos multitudinarios desde que me acompaña la pesada sombra de la fama.

Delante de mí, en el hotel de Barcelona, se levantan decenas de ventanas. Algunas aún con las persianas echadas frente al estío. Otras se desperezan con la llegada del mediodía. Veo personas. Miro sus rostros a través de los cristales y descubro que a ellos no les ha llamado una actriz almodovariana con un asiento de tercera en un estreno de primera. Y me compadezco. Mi vida ha cambiado tanto en tan pocos años que lo único a lo que he podido aferrarme es a los tentáculos de la verdad alterada; unos tentáculos que vuelan a gran velocidad por encima de estos tejados, a través del modernismo y la posmodernidad, desde una esquina a otra de un país que acoge en su seno a Almodóvar y a Amenábar.

Mi amiga Gloria llama al móvil.

—¿Quieres decir que desinvitarás a tu novio para irte con Loles?

—Gloria, mi novio detesta ir a este tipo de fiestas y además Loles saludó a Nicole Kidman en la alfombra roja de la entrega de los Oscars cuando estuvo con Almodóvar por *Todo sobre mi madre*.

—¿Y no dijo ella misma en televisión que en esos Oscars ella y todo el séquito Almodóvar se sentaron en el balcón?

—Bueno, no querrías que volviera a pasar lo que sucedió con el Oscar de *Mujeres al borde*... que acabó con la amistad de Almodóvar y Carmen Maura porque él prefirió sentarse en platea con Bibi Andersen.

—¿Y no se te ha ocurrido pensar que todo el universo Almodóvar tiene como un mal rollo con el tema de las butacas, los premios y las películas?

—Ahora que lo dices, podría ser un excelente título para un filme de Almodóvar: Premios, butacas y películas...

—Muy gracioso. ¡Si vas a ese estreno con Loles y no con tu novio, deja de considerarme amiga!

Se apodera de Barcelona un silencio terrible. Me dejo llevar por la neurosis y me adentro en la agenda de mi móvil. ¡Necesito encontrar a alguien con quien hallar la solución a este dilema! Van surgiendo nombres en mi agenda: Obregón, Preysler, Figueroa, Benarroch, Amargo, Lequio, Alaska, Sardá, Ayesa, Etxebarria. El cursor sigue escupiendo celebridades anotadas junto a maravillosos anónimos de aventuras al límite de la infidelidad. Los Diegos, Nachos, Óscars, Vicentes, Eduardos, Franciscos... nombres que crean fantasmas corpóreos de placeres perdidos. Unos podrían decirme: «Ve con Rubén». Otros, sin embargo, no entenderían mis dudas ante este hecho irreal, insólito y marcado por las extrañas reglas de la verdad alterada.

Recibo una nueva llamada. Es Loles otra vez.

—Estoy arrepentida de haberte llamado antes. Intuyo que te he creado un problema con Rubén.

—Sí, es cierto, pero no digas más. Estoy buscando una solución —respondo.

—Pero es que también he pensado que estamos a martes. El estreno será el jueves. Y tu aún no has recibido la confirmación.

—No, Loles. Vamos a ver. Yo recibí el tarjetón negro de la invitación. En ese tarjetón, que fue el que enviaron la segunda semana de agosto con todo el mundo de vacaciones, venía el teléfono al que debía dirigirme para CONFIRMAR mi presencia. Y llamé. Luego ellos telefonearon para informar de que a lo largo de esta semana RECIBIRÍA, por mensajero, las entradas.

—Pero entonces —dice ella preocupada— tú no sabes todavía si tus localidades son de gallinero. Porque si son de gallinero, me niego a ir. Dios mío, qué complicado. ¿Crees que Jane Fonda pasa por estos apuros cuando la invitan a un estreno?

—Jane Fonda no va a un estreno desde hace al menos una década —le digo sarcástico.

—¿Y entonces cómo ve las películas?

—Se las envían a su casa en vísperas de los Oscar para que las visione, como miembro de la Academia que es.

—Oh, Dios mío, pobrecilla. No hay nada peor que ver un filme por obligación.

—¿Y asistir a un estreno no piensas que es una obligación? —le pregunto extrañado.

—Depende. Lo de Amenábar... bueno, ya está cogiendo visos de fenómeno social. Dicen que uno de los mimos de Gran Vía alquilará su taburete para que los transeúntes puedan ver bien a Nicole, que es tan alta. Además, ahora lleva tacones como venganza.

—¡Cómo es España! —comento, con algo de sorpresa en la voz—. ¿Recuerdas a los catalanes de clase media alta que alquilaban los balcones del edificio de Bofill en Sant Just para ver la boda de Chabeli Iglesias con el hijo del arquitecto?

—Bueno, cariño, es que este país tiene esos regalos. De pronto, tras tanta Guerra Civil, tanta hambre, tanta censura y tanto franquismo, te encuentras juntos en una fiesta a Julio Iglesias y a Miguel Boyer... y, claro, tienes que pagar para verlo.

—He estado cayendo en la cuenta —comento pensativo— de que con todo el complicado protocolo de este estreno, cuando envíen las entradas a casa, no estaré y no podré CONFIRMARTE cuáles son mis butacas hasta justo una hora antes.

Loles lanza un grito al otro lado del teléfono.

—Pero es que si voy al estreno, tengo que ir a la peluquería. Y no puedo estar a la espera de tu CONFIRMACIÓN y peinarme divina en media hora.

—Voy a llamar a portería para saber si han recibido algo.

Colgamos. Vuelvo a marcar. PORTERÍA MADRID. Mientras llamo, observo a un joven arquitecto o dibujante gráfico que enciende su ordenador en una de las ventanas frente a mí. Sonríe, introduce un CD y mueve un poco su cuerpo al ritmo de lo que no puedo oír. La voz de uno de los porteros suplentes de verano estalla en mi tímpano.

—Se trata de un sobre que pone *Los otros* y me gustaría que, de tenerlo, lo abrieras para confirmar las butacas que me han asignado —digo, harto ya de la palabra confirmar y reconociendo que esto debe de sonarle a marciano al portero suplente.

—No ha recibido ninguna correspondencia, señor Izaguirre.

—¿Cómo ninguna?

—Lo que oye. Le han olvidado o algo así.

Cuelgo violento. Lo terrible de las democracias es que la gente te dice lo primero que piensa. Loles vuelve a llamar como si leyera en el satélite mi desesperación.

—La histeria por las entradas es muy grande —me dice alarmadísima—. Se ha descubierto que interventores del erario público tienen los mejores asientos de platea, mientras que a Julio Médem, a Enma Suárez y a Jaime Chávarri los están enviando a la tercera planta.

—Claro, los funcionarios estuvieron en la ciudad durante el verano —exclamo con satisfacción.

—La culpa de todo la tiene Nicole. Como en América nadie coge vacaciones, ella ignora que aquí en agosto estamos comiendo paella y viéndonos la panza crecer.

—Bueno, a lo mejor Nicole tiene esa idea de España durante todo el año. No olvides que el término *hispanic* incluye a Antonio Banderas pero también, a Salma Hayek. De toda la vida, Hollywood ha creído que lo español es gitano, mexicano y si me apuras hasta medio salvadoreño.

—Boris, hay algo que me inquieta. He pensado que quizás no debería acudir al estreno, porque soy una ferviente penelopista. Ya sabes que Penélope Cruz es considerada por la prensa internacional como la culpable del divorcio de Nicole y Tom Cruise.

—Pues justamente, todo lo contrario. Nadie mejor que tú para aplaudir esta noche a Nicole. Porque en una sociedad dominada por el macho, las mujeres tienen que estar juntas.

—¡No pensarás que voy a decirle a Nicole que soy penelopista! Como mucho reconoceré el buen hacer de la Kidman en el filme, porque antes que mujeres somos actrices.

Vuelvo a colgar y decido ponerme en contacto con los organizadores del estreno. Suenan varias llamadas y cuando me atienden pregunto por una señora, experta relaciones públicas en la capital del reino.

—Boris, cariño, has tenido una suerte bárbara. Soy yo misma, al teléfono. ¿En qué puedo ayudarte?

La simpatía de los relaciones públicas siempre consigue detenerme. Es una simpatía exacta y medida. Me gustaría mucho poder incorporarla a mi chip mental y aplicarla a prácticamente todos los obstáculos que encuentro en la vida.

—Bueno —le digo—, no he recibido aún mis entradas y estoy escuchando extraños rumores en toda la ciudad...

—Ya. . lo de que en platea estarán sentados funcionarios que no han tenido vacaciones. Pues es cierto. La gente en España tiene que aprender a responder a *reservoir s´il vous plait* con prontitud. Lo que está sucediendo con el estreno de Nicole y Alejandro es una lección para muchos.

—Pero yo respondí a tiempo.

—Y por ello tus asientos son... espera que busco —escucho un ruido de folios y teléfonos; el chico de la ventana, frente al ordenador, se quita la camisa y descubre un torso plagado de gotas de sudor—. Estarás sentado en la fila 9 y en las butacas 13 y 15.

—Dios mío —exclamo, al tiempo que el joven del ordenador se despoja también de sus pantalones y queda completamente desnudo—. Loles se sentirá feliz.

—¿Loles León quieres decir? Le hemos enviado otros asientos porque no llamó a tiempo para confirmar.

—Claro, pero es que vendrá conmigo.

—Pues tendrá que devolver sus invitaciones porque hay mucha gente desesperada por ellas.

Me doy cuenta de que la he cagado, mientras que el maravilloso chico tecno-nudista se percata de mi presencia y se aparta de la ventana. Loles suena apesadumbrada cuando le explico la llamada anterior.

—¡No tenías que decirles que yo iría contigo! Ahora no podré utilizar las otras entradas para mi hijo. ¡Pero, qué hostias! ¡Parece un estreno organizado por el Nacional Socialismo ¡Van a controlar con quién entramos, dónde nos sentamos y qué hacemos si nos sobra una entrada!

No puedo estar más de acuerdo con Loles. Descubro entonces que aún no he hablado con mi novio para explicarle el cambio de planes. Le llamo, pero no lo coge. El chico desnudo reaparece completamente vestido y con otro chico mucho más corpulento. Me miran y me señalan de una manera horrible. Me acuerdo del primo de Zumosol, ese personaje mítico en la infancia de tantos españoles; ese corpulento varón, de edad indefinida que defendía a un pequeñuelo en fase de crecimiento con el que compartía al final de la aventura unas gotas del milagroso producto. Y recuerdo a mi amiga Vicky: ¿Puede culparse al primo de Zumosol de ser el responsable del crecimiento del llamado «entorno gay»?

La pantalla de mi móvil recoge una de esas llamadas sin identificación. Es mi hermana Valentina, de nuevo desde Nueva York.

—Me han llegado noticias de que piensas desinvitar a tu novio del estreno de *Los otros* para ir con una chica Almodóvar. ¿Hasta dónde va a llegar tu *trepismo?*

—Valentina, no es *trepismo.* Es más sencillo que todo eso: queremos apoyar a Nicole en un momento muy difícil de su vida.

—Dios mío, en momentos como éste comprendo lo terrible que es tener un hermano maricón.

—¿No te das cuenta de que Tom Cruise se ha divorciado de Nicole Kidman mientras ambos rodaban sendas películas relacionadas con Alejandro Amenábar: *Los otros,* su tercera película, y *Vanilla Sky.*

—Que, me perdonarás, es el título más gay que ha tenido película alguna —advierte mi hermana—. *Cielo vainilla.* Cuando la proyecten en Caracas la carrera de Tom estará acabada: le llamarán «La niña vainilla» el resto de su vida.

—¿Sabes —le pregunto— que ese filme de título dudoso es una adaptación hollywoodense de *Abre los ojos?* Y fue en este rodaje...

—Donde Cruise conoció a Cruz... Ya lo sé y de verdad que estoy harta de cómo en España estas mariconadas adquieren relevancia de fenómeno social. Tú no tienes nada que hacer con Nicole ni con Penélope ni con Loles. Tú tienes que estar con tu novio y defender esa relación que tanto bien te ha hecho. Si voy a la iglesia esta tarde, rezaré para que santa Genoveva te proteja... de ti mismo.

—¿Santa Genoveva es una patrona gay?

—Guía a las mentes alteradas por el consumo de mitomanía —espeta mi hermana.

El azul Niza del cielo de Barcelona se empieza a oscurecer mientras me enfado conmigo por haber perdido una tarde de mi vida sufriendo por un estreno. Suena el teléfono de la habitación. Lo cojo. Es mi novio. Siento una ausencia extraña en la palma de mi mano cuando me separo del móvil.

—Mi padre está agonizando en Vigo —dice.

En el avión entra una luz increíble cuando sobrevolamos León. El brillo de la muerte. Una luz de un poder tan sobrenatural que en el acto comprendo que Luis del Olmo (periodista radial oriundo de esta zona de España) haya escapado ileso de ocho intentos de homicidio por parte de la banda terrorista ETA. Esta luz está cargada de irrealidad, de equilibrio entre la verdad y la mentira. Y este equilibrio es el hábitat natural de la verdad alterada, de la cotidianidad salpicada de extravagancias, de las vivencias insólitas que le dan sentido a una vida. Pienso en la enfermedad del padre de mi novio: una embolia que alteró para siempre el curso de su vida y que con los años ha degenerado en un tumor cerebral que lentamente, cruelmente, va segándole horas de vida. Pienso, mientras esa luz ilumina a los viajeros, en lo que debo hacer una vez esté junto a mi novio en un momento como éste.

Vigo es una ciudad curiosa en un día curioso como un miércoles. Mi novio me espera en el aeropuerto. Toma mi mano delante de unos compañeros suyos a los que informa de los hechos y al mismo tiempo asume la novedad de nuestra aparición pública. A lo largo de diez años de pareja, mi novio ha dejado muy claro que no desea formar parte de mi exhibicionismo. Y yo lo he respetado, a mi manera. Le nombro aquí, pero jamás, si él no lo deseara, le invitaría a formar parte de una fotografía pública. Ahora, delante de esos amigos que han aparecido por casualidad, queda claro que estamos a punto de vivir un momento especialmente intenso para nuestra relación. He venido a apoyarle. Estoy a su lado, simplemente para estar.

El hospital, donde su padre se halla, conectado a una máquina, nos acogió cuando tuvimos que hacernos chequeos médicos para ser socios de una piscina municipal. Entonces yo era sólo un extranjero escapado de su propio país, con acento y ademanes exagerados. Ahora, vestido en un traje de raya diplomática, varios kilos de más y unos zapatos que resuenan en el vasto *hall* de línea posmoderna, no cruzo más de dos columnas sin evitar que mi nombre empiece a murmurarse e incluso se convierta en el grito de cuatro adolescentes con blocs en las manos. «Un autógrafo, Boris», exclaman, mientras la puerta del ascensor, por una vez, se cierra. Pero dentro, una señora se aferra a mi brazo.

—Te quiero, porque me recuerdas a Venezuela. Yo viví treinta y seis años allí. Te quiero —me dice entre sollozos.

Otra señora le grita a una tercera: «¡Es Boris! ¡Es Boris en Vigo!».

Llegamos a la quinta planta y desde las inmensas claraboyas se divisa Vigo, una ciudad con un extraño microclima de balneario; una ciudad caótica, de espaldas a una ría maravillosa, y cálida a pesar de la gélida temperatura de su mar. Mi novio, cuando sufre al reconocer la fealdad a la que ha sido sometida, intenta compararla con San Francisco, pero se trata más bien de una Calcuta bien alimentada.

Por el pasillo escucho los gemidos de los que esperan encontrarse con la luz protectora de la muerte. Me avergüenza el sonido de mis propios zapatos, como tacones perdidos de un título almodovariano. En la habitación donde yace el padre de mi novio, madre e hijo se abrazan. En un país tan profundamente católico la imagen de la Piedad se reproduce cotidianamente. La madre se separa del hijo y se acerca al yerno devenido en estrella de televisión.

Permanecemos allí los cuatro, rodeados de periódicos y de conversaciones tétricas.

—Han llamado de la funeraria para que escojamos el cenicero —dice la madre.

—Pero si ya lo hemos escogido, el modelo más sencillo —responde mi novio.

—También me han preguntado cómo deseamos la lápida.

—Lo mismo, mamá. Una cosa muy sencilla. Piedra y luego que le pasen el hierro ese que deja como un sello. Y nada más.

—La otra semana estábamos en casa hablando de que iban a cambiar el cementerio del pueblo —comenta la madre.

—Éste es un tema favorito para los gallegos —me informa mi novio, que ve mi asombro de sudaca ante la facilidad con la que en España se comentan las vicisitudes de la muerte—. ¿Y que quieren hacer en el cementerio? —continúa.

—Bueno, sustituir las tumbas por nichos. Pero, claro, harán un referéndum. A algunas personas les molesta lo de los nichos: es como si el muerto no estuviera allí.

—Pero se ahorra espacio —responde mi novio.

—Claro, pero no es igual. Porque no estás enterrado, no estás cubierto de tierra. Los gallegos hemos ido a todas partes del mundo, pero siempre hemos regresado a nuestra tierra A que se nos cubra con ella.

Una enfermera abre la puerta con estrépito y fija su mirada en la mía. Noto su asombro. Cierra y escuchamos sus pasos corriendo al otro lado del pasillo. A los dos minutos, otras dos enfermeras vuelven a abrir la puerta, siempre con fuerza, deseosas de confirmar lo que la anterior les habrá dicho. Así, una cuarta. Y así una quinta. La sexta enfermera trae una toalla y la coloca cerca del paciente, siempre observándome. Me sumerjo en uno de los periódicos. Las enfermeras novena y décima dicen «¡Hola!», y preguntan si el enfermo necesita algo. Viene una superiora y hace un examen distraído del aparato sedatorio. Una asistenta entra y decide limpiar la puerta de la habitación, siempre vigilando cualquiera de mis gestos. Una penúltima enfermera entra con otra toalla y descubre aterrada que ya hay una limpia. Entonces aparece el médico y, tras él, otros tres interinos. Todos se dirigen a mí.

—Es un honor tener un familiar suyo en nuestro hospital. Imagino que ya le habrá dicho la señora el estado en el que se encuentra. Y la decisión que hemos tomado...

—Es el padre de mi compañero —digo titubeando. Entiendo, antes que nada, que mi novio y su madre desean permanecer relativamente anónimos en todo esto.

—Claro, claro —prosigue el galeno—. Me gustaría decirle que pertenezco al PSOE —anuncia, sin duda, desmarcándose de la pesada losa de conservadurismo que caracteriza a la política de Galicia—. Y que, como le he informado a su madre, en algunas ocasiones ante el sufrimiento hemos de anteponer la lógica a las convicciones religiosas.

La madre de mi novio decide intervenir.

—¿Cuánto tiempo calcula que tendremos que esperar?

—Una semana. Si me permite, señor Izaguirre, es que mi esposa no me lo perdonaría... Casualmente tengo aquí un ejemplar de *Morir de glamour*... Si pudiera autografiarlo.

Sentados en un restaurante delante de las islas Cíes, mi novio y yo hablamos. Es una tarde de principios de septiembre. El sol debilita sus tonos naranjas. Un joven enfundado en un bañador de cuerpo entero se adentra en las aguas frías.

—Mi madre agradece que hayas venido hoy, pero piensa que para el sepelio... no será necesario.

—He venido por ti. Para acompañarte.

—Lo que ha pasado en el hospital no es culpa tuya. ¡Es increíble que la gente no pueda entender que molesta!

—Ellos están viendo a un personaje de la tele. Lo siento, de verdad, lo siento mucho.

Mi novio respira hondo. Mira hacia esas islas que conoce desde su infancia.

—Quiero quedarme aquí toda la semana —me propone muy suavemente—. No puedo acompañarte al estreno de *Los otros*.

—¿No quieres que me quede aquí contigo?

—No, porque tienes cosas que hacer. Mi familia y yo esperamos este momento desde hace dos años. Y curiosamente, se acerca al del cumpleaños de mi padre.

—Es una forma elegante de despedirse. Cerrando un ciclo —digo.

—Como Cervantes —susurra mi novio. Le miro y agradezco la curiosa belleza del momento. La muerte siempre nos regala un instante hermoso. Aquí estamos. Dos hombres de treinta y muchos, venidos de países diferentes y con lenguajes distintos. Sin embargo, seguimos juntos a pesar de los cambios estrambóticos de nuestras vidas. Y nos reunimos en esta mesa, en este restaurante y con este paisaje al fondo donde refugiar la mirada.

—Te quiero mucho, Boris.

Pienso en los fantasmas que puedan habitar las islas Cíes. Y pienso en nosotros mismos. Y siguiendo la teoría de que la inmortalidad existe y de que repetimos una y otra vez la misma vida, creo que mi novio y yo hemos estado antes en esta misma esquina y que hemos hablado exactamente lo mismo, y que nos hemos despedido de la vida y que nos hemos encaminado a la aventura siguiente.

Vuelvo a Barcelona. Loles escucha mi relato.

—Me siento culpable y asombrada por las coincidencias. *Los otros,* al parecer, es una película sobre las fronteras de la muerte. Porque los fantasmas somos nosotros mismos cruzando fronteras.

—Me siento muy cerca de mi novio —confieso a mi amiga-actriz, sin poder evitar actuar como una actriz mientras digo esta frase.

—Lo importante es saber despedirse a tiempo —remata Loles.

La habitación del hotel vuelve a recordarme la soledad de una vida agitada. Ningún mueble se mueve. Si existen fantasmas en este espacio, respetan tanto la incesante actividad telefónica que me esclaviza, que prefieren no corporeizarse. Pienso en las personas de las que no he podido despedirme: amigos que murieron devastados por el sida. Al estar huyendo de mi país o persiguiendo mis ambiciones, no estuve cerca de ellos y sus muertes se redujeron a llamadas telefónicas de familiares sollozantes. Pienso en la maravillosa Victoria Lorenzo, mi nana, que llegó a mi vida a los cinco años. La recuerdo con la cabeza cubierta por un pañuelo de batik y queriendo saber mi opinión sobre Michael Jackson y Diana Ross. Dormía debajo de un póster del Che y veía junto a mi padre las peleas de Cassius Clay en el antiguo Congo Belga. Nos hablaba de su madre, Yuma, nacida en la Guayana francesa y poseedora de un patois exquisito que gustaba practicar con mi padre. Ella me descubrió jugando con la ropa de mi madre y entendió en una sola mirada mi búsqueda sexual. De ella sí pude despedirme viéndola tirada sobre el suelo de la cocina donde la muerte la sorprendió. Lo siento, Victoria, le dije. Entonces creía que vivir era un privilegio superior a la muerte.

Ya en Madrid asciendo la noche del jueves 6 de septiembre por Gran Vía. Me rodea una clase entera de adolescentes caraqueñas que han desembarcado de un bus turístico. ¿*Venezuelan teenagers* en una ciudad europea? ¿Qué tipo de señal es ésta? Una de las chicas me reconoce y me pregunta si cree que doy una buena imagen de Venezuela desnudándome en la televisión de la madre patria. No tengo tiempo para pensar en una respuesta. Ellas me observan alejarme y comentan que en España todo es una cuesta. «Qué avenida más empinada», dicen.

Loles, vestida con un top de leopardo, me espera en la puerta. Nos fotografían. Se respira ese aire de noche agitada. Empiezo a sentir la tortícolis «noche de estreno». Porque en eventos como éste el cuello se mueve en todas las direcciones, para saludar, para atender un grito, para responder a un beso, para expresar una opinión, para mirar un traje, para esquivar a un pesado o para mentir a un eterno enemigo. Loles me coge la mano fuerte y cruzamos el pasillo de entrada con sus barricadas de público: gentes de Madrid que corean nuestros nombres. Mientras mis amigos coleccionan casas, coches y muebles de cocina, yo lo único que tengo es este cariño efímero, insólito y anónimo.

Dentro, todo es famoseo. Ana Obregón lleva una minifalda escuetísima y el pelo tan alisado como el de la propia Nicole Kidman. Uno puede creer que harta de ser Ana Obregón, la presentadora se dedica ahora a mimetizar estrellas del nuevo Hollywood. Actrices noveles se besan con actrices noveles consagradas. Actrices noveles consagradas abrazan a monstruos sagrados. Monstruos sagrados se aferran a sus joyas o a sus amantes mucho más jóvenes. Miembros de la monarquía se acercan a saludar y comentan lo que se dice de la película en Nueva

York. Es curioso cómo Nueva York es siempre ciudad de referencia, incluso para una de las familias más antiguas de Europa.

Nos sentamos. En la pantalla del cine vemos a quienes continúan entrando. El público en Gran Vía es cada vez más y más numeroso. A las figuras del cine nacional se les aplaude menos que a los actores de televisión. Curiosa observación sobre un país que ha cosechado varios Oscars y entregado figuras a Hollywood, y que sin embargo se siente más próximo a su petardeo que a una industria que lucha denodadamente por reflejar el avance cultural del país. Una actriz muy célebre y premiada se me acerca mientras comento todo esto y me recuerda que la televisión es gratis y que acostumbra a la gente a consumir todo tipo de basura, «incluso la que llega de otros países». El dolor de mi cuello me impide aventurarme en una discusión. Creo que toda persona que ataca a la televisión y que se niega a aceptar la cada vez más dinámica y fuerte cultura que genera no sabe vivir con la contemporaneidad. La televisión es el primer arte de este milenio: la industria que todo lo fagocita, el inmenso aparato de digestión incapaz de saciarse, el medio que aloja a todos los medios, el demonio y la cruz, actrices desempleadas y divos del nuevo medio... Todos atrapados en infinidad de salones del mundo. Como fantasmas de cóctel en cóctel.

La gran pantalla sigue arrojando invitados. Loles y yo comentamos sus entradas. El público comienza a aburrirse ante la tardanza de Nicole. Las cámaras apostadas en la calle graban a los turistas de un gran hotel frente al cine. En una de las ventanas, una señora seca su pelo cubierta por una toalla. El público de la calle la descubre y la cámara la enfoca. En el teatro, donde más de la mitad de la cultura española del siglo XXI se da cita, la maravillosa imagen de la turista semidesnuda desata una ola de aplausos y vítores. El humor español, a un paso entre el absurdo y lo cotidiano. La señora, convertida en estrella fugaz, imita el gesto de las actrices que tantas veces habrá visto en la televisión de ese hotel o de su propio salón y devuelve una estampa a lo Marilyn en su apartamento de Nueva York. El público vuelve a aplaudir.

Nicole Kidman llega a las once de la noche, rodeada de guardaespaldas y vestida con un traje que demuestra su deseo de gustar al público español. Es un diseño de Óscar de la Renta, un exquisito dominicano, casado en primeras nupcias con una de las grandes editoras de la historia de la moda, y miembro del exclusivo grupo de los *hispanics* que han triunfado en la sociedad anglosajona. El traje es como una sublime paella de mariscos, de vivos colores y adornos bordados que a lo lejos recuerdan gambas y gambitas sobre un salvaje arroz negro. Revisado el vestido, Nicole avanza con una cadencia similar a la de los marcianos en *Mars Attacks* y retrocede ante la algarabía del público. Se separa de los guardaespaldas y estira su blanquísimo brazo australiano, cubierto por joyas de deidad egipcia. Y lo impensable, lo que ninguna de las estrellas reunidas esa noche (incluyendo servidor) hubiera soñado en hacer: SE APROXIMA a la gente. Se hace un silencio estremecedor. En primer lugar, asombra que lo que estamos viendo pueda ser mejor que la propia película. En segundo lugar, la sensación irrevocable de que Hollywood no es sólo una fábrica de estrellas, sino el producto transculturizador por excelencia. Sus embajadores se comportan mejor que los reyes y políticos, e incluso mejor que las propias estrellas del país al que acuden a conquistar con sus simples gestos, cargados de demagogia y eficacia. Hollywood es el sello personal de eso que conocemos como los Estados Unidos de América. El país imperialista, la nueva Roma que cruzamos, a veces como fantasmas, otras como famosos, la mayoría de los casos como ciudadanos de a pie.

Loles observa, casi pegada a la gran pantalla, el despliegue de afabilidad y cortesía de la Kidman.

—¡Penélope tiene que hacer algo! —sentencia.

—Cariño, ésta es una auténtica bofetada. Es como si Nicole le dijera: puedes quedarte con mi ex marido, que yo vengo a quitarte el país.

—Estoy pensando cosas horribles —dice con un gesto dramático—. Imagina que nominen a Nicole para el Goya. Después de todo, *Los otros* también es una película española.

Me animé considerablemente.

—Ésa es la campaña para el dos mil dos: el Goya para Nicole —digo.

—Sí, pero a lo mejor también nominan a Penélope por su última película, también española, *Las afueras de Dios*.

—España uniendo a las rivales. Qué gran país, Loles. Acercando los continentes, influyendo en el gran reino de la verdad alterada, Hollywood de nuestros amores.

Y al fin empieza la película. Ahora usted ya la habrá visto, y espero que haya sufrido como muchos de nosotros por las infinitas injusticias en la crítica del Festival de Venecia. Como bien sabe el lector, *Los otros* narra una historia en torno a la verdad y a la mentira, pero sobre todo, en torno a la negación de la realidad: un territorio que inventamos en la infancia y al que después volvemos una y otra vez para soportar la miseria, la tristeza o el derrumbamiento de las ambiciones. Y es eso lo que sucede a los personajes que pueblan la extraña y cantábrica casa de la película.

Desde el principio, Amenábar desgrana la acción con veteranía de autor y cineasta. Ese tipo de artesano que cualquier industria cinematográfica, fuera de los confines de Hollywood, debería agradecer. Cuando aparece Grace, la madre abandonada con sus dos hijos en la espesa neblina de una isla extraña, lo primero que vemos es la mansión: vitrales, ausencia de muebles y chimeneas. El ojo del cineasta, como el ojo de Dios, que te muestra lo verdaderamente interesante, de un barrido.

Durante toda la película, la casa aparece siempre envuelta por la espesa neblina que, como reconoce el personaje de Nicole, «ha tardado tanto en irse este año». Pero no lo olvidemos: esa neblina no va a irse nunca.

Los otros no es sólo una película de suspense. Es una reflexión simbólica y altamente positiva sobre la vida y sobre la muerte. Amenábar ha partido de los trucos del género para dar forma a su propio lenguaje como cineasta y para traducir en imágenes las preocupaciones de su alma. Todo este andamiaje de trucos ya había aparecido en sus anteriores filmes. Por ejemplo, la almohada como obsesión terrorífica. En *Abre los ojos* —una cinta sobre sueños confundidos y verdades, claro, alteradas— el protagonista asesina, o cree haber asesinado, a su novia hundiéndola bajo una almohada después del coito. En *Los otros* la almohada vuelve a adquirir un peso definitivo como responsable de toda la irrealidad sobre la que se levanta la acción: verdades y mentiras generadas por las obsesiones de Amenábar. *Abre los ojos* es una fábrica de sueños que ha arrebatado el alma a uno de sus clientes. En *Los otros,* la casa que habitan Nicole y sus hijos es toda ella un territorio onírico, y por ello tan confuso como la vida misma. Ambas películas se nutren de los no-límites entre estar vivo y estar muerto. Detrás de este nihilismo sobrecogedor, Amenábar nos recuerda que somos fantasmas en una realidad que consideramos verdad. Ése es el auténtico terror moderno. Y Amenábar, fiel a su precocidad y a su inmenso talento narrativo, se ha dedicado a recordárnoslo con su cine.

Todo esto, sin embargo, coloca a la verdad alterada en un ángulo peliagudo, porque le resta humor y brillo a su dosis de surrealismo. Si de verdad vivimos una mentira, resulta muy difícil continuar creyendo en ella y harto católico asumir su desenmascaramiento. Si seguimos creyendo en una vida de existencia irreal, absolutamente inventada, estamos dando aún más fuerza a los huracanes de la verdad alterada. Pero, claro, una vez que lo inaudito se ha instalado definitivamente en nuestras vidas y en nuestra cotidianidad, de tan cotidiana, la extrañeza empezaría a perder fuerza en su búsqueda desesperada por la misma irrealidad. Por eso mismo, al final sólo en el universo cinematográfico podemos encontrar solaz los vivos que estamos muertos o los muertos que nos negamos a reconocer que estamos vivos.

Mientras todo esto gira en mi cerebro, la película continúa atrapando a los presentes con un lirismo oscuro. El lirismo de Amenábar.

Cuando Nicole se da cuenta de que vive en una casa de espíritus, se enfrenta a ellos a plena luz del día. En un trastero abarrotado de muebles cubiertos de sábanas blancas, Nicole se sumerge en lo que cinematográficamente es un desierto poblado de fantasmas. Escucha sus voces, el diálogo de *Los otros.* Lo impactante es que Nicole ve en esos objetos nuestros fantasmas cotidianos: un sombrerero, un armario o un espejo que deforma levemente su imagen.

Al igual que en la obra maestra de Henry James, *La vuelta de la tuerca,* llevada al cine por Jack Clayton, con guión de Truman Capote, y cuya imagen emblemática, la de una institutriz aferrada a dos niños delante de una ventana, Amenábar recupera para el final de *Los otros,* lo sobrenatural es para el director español justamente eso: una vuelta de tuerca, un pequeño ajuste de cuentas con la realidad y con lo que imaginamos. Por eso maravilla el giro en la personalidad de los personajes a lo largo de la narración. La neurosis de Nicole, por ejemplo, da paso a un alma rota y quebrada por el horror de una guerra y por el descubrimiento de la muerte. Y por supuesto, la gran pregunta: ¿quiénes están muertos y quiénes son los otros?

Encuentro una profunda emoción en la lectura que hace Amenábar de la muerte. Porque la muerte es, como se sabe, la única verdad con la que nacemos. A pesar de los avances tecnológicos, del melodrama, de la moda, del dinero o de la frivolidad, la muerte ha mantenido su poder y control inalterable sobre nosotros. Es inmune, incluso, a la verdad alterada. En *Los otros* la muerte es un lugar por donde deambulan vivos extraños; el lugar donde los más terribles crímenes tienen una explicación y una suerte de perdón. Vivimos para disfrutar y sufrir, para establecer siempre una verdad y una mentira. Un equilibrio. Y en la muerte, ese equilibrio prevalece. Es decir, seguimos vivos. Atravesando infinitas habitaciones. Decorando limbos de terror.

Loles me coge del brazo al final de la película.

—Toda la vida creyendo que a los muertos hay que recordarlos, y ahora me doy cuenta de que lo mejor es dejarlos hacer su nueva vida solitos.

—Nadie querrá reconocerle a Amenábar su gran talento. Su edad jugará en su contra.

—Imagínate. Si no te perdonan el talento a los cincuenta años, mucho menos te lo aceptarán a los veintiocho. Siempre dirán: veremos lo que hace en la próxima.

Pero Amenábar ha conseguido mucho con esta película. En primer lugar ha logrado concatenar una serie de coincidencias que claramente conducen al éxito total. Una de esas coincidencias, por ejemplo, es que su nombre y primer apellido empiecen por la misma letra. Doble A. Como Marilyn Monroe. Siempre he defendido la teoría, estúpida, pero real, de que la gente con nombre así posee una garantía de triunfo. Amenábar empieza igual que Almodóvar, que es otra de las coincidencias fantásticas en la carrera de este director. Porque, como dijera mi novio, la presencia de Amenábar obliga a Almodóvar a moverse con más celeridad para no devenir en un monstruo sagrado. Amenábar rejuvenece al primer cineasta del país y compite con él en otros territorios. Mientras Almodóvar se apoya en el humor y en el melodrama, Amenábar lo hace en el suspense, pero con ideas, hasta ahora, sólo propias del melodrama.

Amenábar no es que haya entrado en Hollywood, es que ha mezclado Hollywood con España. Si Cruise se divorció de Nicole durante el rodaje de *Los otros*, Amenábar se ha convertido en el hombro sobre el que la espigada actriz se apoya. Y mientras tanto, Cruise y Cruz (ese ángel de nombre mitológico, Penélope, que no guía a Ulises, sino a sí misma, por laberintos más peligrosos que los del minotauro) se conocieron rodando el *remake* de otra película de Amenábar. El estreno de *Los otros* en Madrid acercaba el fuego al tema tabú: la convivencia en nuestro país con Papá Almodóvar. Porque en ese estreno, Nicole arrebató esplendor por todas partes y arrojó sombras sobre la niña mimada del cine español y del universo Almodóvar.

Todo son coincidencias y círculos que se cierran sobre sí mismos. El símbolo perfecto de la verdad alterada. No sabemos de dónde venimos ni a dónde vamos, pero nos movemos en las mismas sombras, vencemos los mismos elementos de la naturaleza y alteramos la mentira, el *glamour* y la verdad.

Acaba la película. Las luces del teatro permanecen apagadas como si las escenas hubieran producido un verdadero *poltergeist* y quisieran adentrarse en nosotros. Y ante la magnitud del filme, la ovación es unánime. Nicole, la verdadera Nicole, avanza junto a Amenábar y el elenco de la película con esa manera de caminar tan poco real, tan de verdad alterada, tan de estrella de Hollywood. Nosotros, que somos los otros, avanzamos con *glamour* madrileño hacia la calle. A vivir la fiesta, a intentar conocer a Nicole, a intentar decirle a Amenábar que hemos entendido su alma femenina, sus miedos de niño, su relación con los fantasmas y con las sombras y las luces de su talento. Reunidos en un callejón de Gran Vía, un nutrido grupo cinematográfico y literario de Madrid inicia su peregrinaje hacia el Casino, donde se celebrará la fiesta. Es, una vez más, el avance de los unos y los otros, a través de las entrañas de Madrid, la ciudad de los estrenos. Al final del camino, se levanta imponente la fachada del Casino y sus pesadas puertas de hierro. Cientos de personas se agolpan ante ellas. Mientras avanzo entre gritos de admiradores, no puedo evitar comparar el edificio de ludópata españolidad con la casa habitada por fantasmas de la película. Y vuelvo a entender que los otros, los que habitan sus propios limbos de desesperanza e inmortalidad, son mucho más valientes y mucho más hermosos que nosotros.

Ya en la fiesta, para mi terror, recuerdo que en el mismo lugar, el Casino de Madrid, se celebró la fiesta-vigilia del Oscar de *Todo sobre mi madre*, la película de Almodóvar.

—¿Y a Pedro, por cierto, le has visto? —me dice una actriz, en paro perenne, pero invitada eternamente a las fiestas donde hay que estar. Mi respuesta es negativa y ella continúa su camino, siempre con la misma pregunta a otros invitados. No puedo evitar mirarla como a un espíritu condenado a arrastrar sus cadenas en fiestas que repiten decorados.

De pronto, Nicole aparece a mi lado, increíblemente alta, sobrenaturalmente bella en su palidez australiana. Australia, el país continente que pertenece a la corona británica, pero que invierte fortunas para burlarse de ella. El país donde el agua se escapa en sentido contrario por los desagües. El país donde la mayoría de la población es aborigen, pero sus miembros más representativos —Nicole, Mel Gibson y Rusell Crowe, por ejemplo— son bien de palidez imposible, como Nicole, bien de virilidad occidentalizada al cuadrado, como Gibson y Crowe.

Me separo un poco y observo a Nicole hablando con dos simpáticas negras mucho más pequeñas que ella. Loles se aproxima.

—¿No es divino ver a Nicole hablando con Las Hijas del Sol?

—¿Las hijas del sol? —le digo a Loles—. Esto sí que es una verdad alterada: Nicole se pasa toda la película protegiendo a sus hijos de la luz del día. Y ahora, en carne y hueso y palidez, la vemos hablando con un par de cantantes que se llaman Las Hijas del Sol.

—Boris, cariño, tienes que terminar ese libro cuanto antes o vas a acabar loco —apostilla Loles, ofreciendo a su vez una gran sonrisa a Nicole.

Sucede entonces lo divino de las fiestas. Nicole reconoce a Loles de cuando estuvieron juntas en la alfombra roja de la entrega de los Oscars. En su divertido inglés, Loles le agradece a Nicole que tenga tan buena memoria. Y Nicole, fiel a su rol de estrella americana conquistando territorios europeos, afirma:

—I have the memory of an elephant.

Y emocionado por el diálogo entre ellas, no puedo evitar sumarizar mi opinión sobre la actuación de Nicole, tanto en su llegada al estreno como en la película. Ella se gira y descarga sobre mí el impacto de su piel y de su sonrisa de profesional hollywoodense. Es decir, una sonrisa que no parece falsa y, sin embargo, conserva todo el artificio y el brillo exacto del *glamour.* Y haciéndome eco de sus declaraciones en la televisión norteamericana sobre su divorcio de Tom Cruise (declaraciones en las que se limitó a decir: «Ahora podré ponerme zapatos de tacón»), le confieso:

—*Nicole, you can wear your high heels, higher and higher.*

Que, traducido, viene a decir, «Nicole, puedes ponerte los tacones más y más altos». A lo que ella responde con un beso cariñoso y cálido en mis mejillas.

Por la fiesta pulula un ejército de celebridades y de personajes extraños. La esposa de un importante banquero venezolano se estremece aún por la película y sus fantasmas. La esposa de otro banquero, esta vez español, rumia malas noticias sobre las bolsas europeas. «Va a suceder algo tremendo, algo tremendo», profetiza a lo largo de la fiesta, que sucede una noche del 6 de septiembre, cinco días antes de que las Torres Gemelas se desplomen en Nueva York. Jill, la transexual más joven de España, con tan sólo veinte años de edad y operación de cambio de sexo cumplida, recibe el saludo de Nicole y las miradas de todos los presentes. Estudio su aspecto de niñata disco, con un pelo que a veces parece real y otras un conjunto de piezas de peluquería muy estudiadas. Veo a Jill como nuevo símbolo de la verdad alterada, mucho más sabia en su temprana decisión que Beige o mi transexual del gimnasio en Barcelona. Antes de ser una auténtica mujer, Jill ha solucionado el conflicto con el cuerpo cascarón en que le ha «tocado nacer». A los veinte años ha cruzado el umbral de los sexos y es la mujer que sabe que es. Ha triunfado sobre su problema y ha sabido reconocer que es más de *los otros* que de *los nuestros*.

Un ejecutivo discográfico me cierra el paso cuando me aproximo a Jill para saludarla.

—¿Piensas felicitarla por lo que ha hecho? —me pregunta.

—Desde luego, ha conseguido poner en práctica lo que muchos tardan años en asimilar.

—¿Sabes? He oído que al haberse operado tan temprano, no ha dejado tiempo a que algunas de sus hormonas masculinas se desarrollen por completo.

—Bueno, es mejor así, ¿o no? —le propongo.

—No, porque ahora que es mujer, en cualquier momento puede cambiarle la voz a un tono más grave y desarrollarse ese aspecto masculino que la delatará.

—Pero, si ella no esconde nada. Ella es presentada por sus amigos como el transexual más joven de España.

—Sus amigos, al igual que todos los que estamos aquí, queremos cada día algo nuevo para divertirnos —concluye el ejecutivo antes de alejarse.

Sé que es mentira, que es la típica frase de ejecutivo discográfico siempre ávido de novedades que nunca lo son. Jill se pierde entre el grupo que baja a la sesión de música tecno que Amenábar y un discjockey tienen reservada a sus amigos. Una vez más compruebo que en esta generación el verdadero *star* es el D.J. Nicole habla con unos chicos que parecen recién llegados de Oceanía. Las Hijas del Sol conversan con un grupo de fans que les piden fotos y autógrafos. Creo reconocer en uno de ellos a aquel joven sometido en este mismo lugar a todo tipo de violaciones durante la fiesta-Oscar de Almodóvar. Ante este panorama empiezo a sospechar que el mensaje de *Los otros* sea cruelmente real: somos siempre los mismos fantasmas en los mismos decorados.

Loles regresa a mi brazo.

—Lo grande es que hemos adoptado a Nicole para que ella también entienda que nuestra Penélope es igual de querida.

—Hay gente que dice que Nicole parece más humana que Penélope —advierto a Loles.

—Claro, porque Penélope está viajando en el avión de Tom, y eso, cariño, es muy difícil de tragar. Pero no hay que olvidar que Nicole también viajó en ese avión. Y ahora está haciendo películas maravillosas con directores arriesgados.

—Estoy a punto de creer que Tom es una especie de nueva Fátima o Lourdes —expongo.

Loles ríe su carcajada de vida y anarquía.

—Santo Tomás de las Cruces y Nicoles.

Crónica once

«I love Terry»

Terenci Moix y yo nos conocimos en una fiesta televisada; ese tipo de fiesta que el futuro todavía depara a los mortales. Porque miren que existen fiestas. Bodas. Bautizos. Comuniones. Las fiestas temáticas, por ejemplo, son el terror que la mediocridad de ciertos anfitriones imponen al talento de grandes invitados. También se conocen las fiestas con final feliz o con final dramático. Pero la fiesta televisada es algo muy Imelda Marcos; una fiesta donde poder cantar cumpleaños feliz al marido, el dictador Ferdinand, en compañía de George Hamilton, que, por cierto, quedó estigmatizado para siempre por semejante ocurrencia.

En la fiesta televisiva donde Terenci y yo nos conocimos, el anfitrión era Miguel Bosé. Se trataba de una evento conjunto: promocionar su álbum *Laberinto* y festejar su cumpleaños número cuarenta. Y claro, ante tal extrañeza, el universo de la verdad alterada se personó al completo para celebrarlo. Bosé es el símbolo de una generación que disfruta jugando con todas las aristas de la ambigüedad. Incluso, él mismo se comporta como un perfecto agitador. En esa fiesta se encontraba Terenci, junto con Mercedes Milá, Ana Belén y Víctor Manuel, Ana Obregón, Alaska y una *drag queen* entonces muy de moda llamada Carmen Extravaganza, seguramente también oriunda de esa House of Extravaganza tan unida a Madonna. Además, Millán Salcedo, de Martes y Trece, Nacho Duato y servidor, entonces con una melena ensortijada al estilo más malagueño de Antonio Banderas, bastante más gordo y completamente desconocido para el resto del publico. Si algún día se rescatara la cinta de ese programa-cumpleaños, se me puede ver en casi todos los planos detrás de Bosé, agitando las manos, riendo e incluso en un momento determinado fingiendo un *playback* con la *drag queen*.

Si una fiesta normal resulta complicada, una que se desarrolla delante de las cámaras es peor aún. La idea se le debió de ocurrir a Bosé tras ser invitado al mítico programa de Mirtha Legrand en la televisión argentina «Almorzando con Mirtha». Me detengo brevemente para explicar en qué consistía dicho programa. Prometo ser rápido. En «Almorzando con Mirtha», la ex actriz reúne a lo más granado de la sociedad iberoamericana (actrices y cantantes argentinos, españoles, venezolanos, miamenses, etc.) en una entrevista-almuerzo que se desarrolla en un comedor sacado de *Grandes horizontes*, con un inmenso retrato de la anfitriona presidiendo una mesa igualmente inmensa. Durante los años más crueles de la hiperinflación argentina, la señora Legrand mantenía el servicio de sus almuerzos con camareras de uniforme negro y cofia y delantal blancos. Sin olvidar, por supuesto, el gran despliegue de cuberterías y cristalerías de apabullante estilo afrancesado. Cuando el menemismo devolvió al país su condición de Reina de la Plata, la señora Legrand no sólo sacó más brillo a sus copas, cubiertos y platos, sino que se convirtió toda ella en un anuncio ambulante de maquillajes, medias, joyas y vestidos. Y, divina, la Legrand llegó a hablar de sí misma en tercera persona: «Hoy Mirtha viste y se enjoya con...». El efecto era alucinante: uno de esos claros ejemplos de verdad alterada en un sitio remoto del mundo. Durante el largo año que viví en Buenos Aires me volví adicto a este espectáculo televisivo. Legrand, que posee una gran belleza y tiene una edad completamente indeterminada (entre treinta y cinco y ochenta y ocho años), gustaba de retar al cámara y exigir un súper *close up* de su espléndido rostro. El cámara obedecía las órdenes de la señora y, zas, aparecía aquel primerísimo primer plano de Súper Legrand y su maravillosa sonrisa. Entonces ella espetaba: «Mirtha todavía puede con un primer plano».

Vuelvo a la fiesta televisada de Bosé. En ella, Miguel no se atrevió a tanto; no llegó tan lejos como Mirtha. España es un país serio, a pesar de lo que la verdad alterada nos hace creer. Bosé, en realidad, organizó una cena con entrevistas y opiniones de sus amigos. Obregón, ejerciendo de estrella de la cadena pública donde se emitía la celebración, nos advirtió que mientras estuviéramos comiendo no se grabaría nada. Lo que fue un alivio para muchos y una incógnita para quien esto escribe. En los almuerzos de Mirtha se come, es decir, no se ve a la gente masticar, pero la comida se sirve. Siempre imaginé que durante las pausas publicitarias los invitados se atragantarían. Sin embargo, con la propia Mirtha anunciando combinaciones y fajas, poco tiempo quedaba ya a los comensales para poder ingerir algo. Estando en Argentina me asaltó una gran duda: ¿la comida de los almuerzos de Mirtha... se tira? «No, tonto —me dijo una amiga—, se envía a las ONG de este país. Y ellos la distribuyen» (aún no sabemos quién inventó el entorno gay, pero sí tenemos a quien agradecer la invención del concepto ONG).

Volvamos. Terenci estaba en la mesa de Ana Belén y no paraba de reír y hacer reír. Yo no dejaba de mirarle, porque mis tres mitos españoles de este siglo son Almodóvar, Maruja Torres y Terenci Moix. Del primero, su filmografía me hacía pensar en una España loca, avispada e interesantísima. De Torres, sobre todo cuando vivía en Buenos Aires, notaba una absoluta empatía con sus opiniones y con la manera de verterlas: ella es la gran cronista de este tiempo, la que posee ese ojo especial capaz de ver y señalar de forma ruidosa y divertida lo que nadie quiere señalar. Y Terenci..., bueno, siempre he dicho que para mí representa, en nuestro idioma y en nuestra vasta cultura, ese papel elegante, dinámico, agresivo y reflexivo que Truman Capote ha supuesto para el mundo anglosajón.

Y de todos ellos, Terenci estaba ahí, fumando y riendo y agrandando sus ojos debajo de sus enormes gafas. Terenci tiene un chic especial, mezcla de ciudades mediterráneas, Roma y Barcelona, que hacen lo imposible para no doblegarse al tópico influjo de Londres. Luego descubrí que esas son las ciudades de su vida en el siglo XX: las ciudades de vidas anteriores, como todo el mundo sabe, pertenecen al Nilo. Aquella noche él derrochaba un *glamour* cálido, sincero y en paz con el mundo, pero a la espera de posibles turbulencias. Recordé que a principios de los ochenta había acudido al estreno de una obra de teatro escrita por Manuel Puig. Y él, el gran Manuel Puig, estaba en la puerta del teatro completamente solo. Se quedó mirándome, de arriba abajo. Yo entonces poseía una cosa efébica que no sabía manejar bien, porque en vez de responder a su mirada, huí. Por aquel entonces, prefería que se me conociera gracias a mi talento, o al menos, gracias a mi precocidad cultural. Ahora, reconozco, he aprendido a aprovechar mi rollo de efebo de un modo más perturbador, más sexy y más verdad alterada.

Con Terenci decidí vengarme de aquel adolescente ridículamente culto. Me levanté de mi mesa, en una de las pausas para comer, y fui hacia él.

—Señor Moix, *No digas que fue un sueño* es para mí uno de los descubrimientos más hermosos que he hecho en este país —dije parsimonioso y muy sudamericano.

—Gracias —dijo él con esa enorme sonrisa y el cigarrillo. Me fijé en que su americana era de cuadros y de un tono arena dorada que me maravilló. Nunca había conocido a nadie a quien le quedaran bien ese estampado y ese color—. ¿Qué personaje te ha gustado más? —prosiguió.

—Los jardineros de Octavia, claro. Creo, de hecho, que soy la reencarnación de uno de ellos —le respondí.

Terenci rió, echando el cuello hacia atrás, siempre con el cigarrillo, «muy dama del teatro» que al mismo tiempo ironiza sobre sí misma. Y yo le adoré todavía más. Los jardineros de Octavia, en su novela, son tan fieles a su señora que la consuelan cuando Marco Antonio se enamora de Cleopatra. E incluso se casan entre ellos con el beneplácito de su ama. Quizás, ahora que lo pienso, ése sea el nacimiento del entorno gay. Pero vayamos a lo que nos concierne. Desde entonces, Terenci y yo hemos desarrollado una maravillosa amistad, cargada de delirantes diálogos y búsquedas imposibles. Un culto, quizás exagerado, a Isabel Preysler, a Nuria Espert, y a la propia Maruja Torres, que según Terenci son sus tres mejores amigas y que seguramente jamás consiga reunir. De Torres se sabe la animadversión que siente hacia la Preysler, pero yo puedo decir que en una fiesta de Elena Benarroch acompañé a Maruja y al pasar al lado de Isabel sentí ese placer ante lo prohibido; un placer que puede conducirte a la adicción. Desde entonces he cultivado la amistad de archirrivales. Obregón y Antonia dell´ Atte, que no pueden verse por razones jurídico-sentimentales. Nicole y Penélope. O también, Chabeli Iglesias y Paulina Rubio, superpetardas y jovencísimas, que han compartido el mismo hombre, con resultados diferentes. Nunca deja de asombrarme esta especial endogamia propia del amigo gay que uno debe asumir con la mayor discreción y sin jamás caer en la trampa femenina de compartir información.

Prosigo. Terenci y yo nos hemos entregado también al culto desenfadado de Lana Turner, en el que él me inició, y a las entregas de *Gran hermano,* a las que yo le aficioné. Terenci y yo hablamos por teléfono varias veces al día. En algunas llamadas intercambiamos información sobre la actualidad y sobre nuestras visiones del mundo. En otras, nos refugiamos en la sorprendente belleza de la amistad, esa que logra reunir a un caraqueño con un barcelonés, por encima de edades y experiencias. En todas las conversaciones creamos una extraña mezcla de padre e hijo, completamente descarriados los dos. En todas esas charlas Terenci es mi ídolo, porque es la persona más moderna que conozco. No es que esté siempre al día, o que se adelante al ahora. Es mucho más: él re-inventa la actualidad, la altera para mejorarla y para conseguir una verdad perfectamente equilibrada entre su moralidad y su reflexión sobre lo que nos sucede.

—Estoy recordando que una de las veces que más nos divertimos juntos fue cuando insistí en que viéramos *Sonrisas y lágrimas* en una cena de la Benarroch —dice Terenci, cuando le llamo para hablarle de esta crónica.

—Oh, Dios mío —exclamo—. Se dijo que estabas pesadísimo porque querías ver una y otra vez cuando las monjas cantan y describen el personaje de Julie Andrews.

—Es tan importante esa escena... La gente la pasa por alto, pero explica todo el amor que las madres superioras sienten por sus hijas descarriadas. Lo más increíble de *Sonrisas y lágrimas* es que en Austria omitieron las secuencias de la persecución nazi.

—Es decir, se autocensuraron —le respondo.

—Pero, por una vez, con razón. Porque realmente *Sonrisas y lágrimas* debería terminar con la boda del barón y la dulce ex monjita María interpretada por Julie Andrews. Lo de los nazis, lo siento, chico, sobraba. Era una necesidad de Hollywood para venderla más.

—Terenci, no puedes decir eso...

—Claro que puedo. Además *Sonrisas y lágrimas* es la película que más veces he visto en mi vida.

—Incluso te sabes la canción en catalán... Quizás podría recordar también en mi libro esa Semana Santa en Barcelona cuando vimos *Los Diez mandamientos* en el canal autonómico.

—Oh, es mi película favorita en catalán, porque suena más judaica, ¿no crees? Increíblemente próxima.

—A mí lo que me encanta —le digo— es, sea el idioma que sea, cuando las esclavas egipcias cantan para ahuyentar la sombra de la muerte...

—Lo hacen en inglés, sí, sí. Bueno, no olvides que ese Viernes Santo vimos *Los Diez mandamientos* tres veces...

—Y en tres idiomas. En TV3, en la Primera y luego en inglés, porque tú tienes ese DVD donde sale Cecil B. de Mille presentando su propia película.

—¿A que sale un poco mariquita? —dice Terenci.

—Hombre, más que mariquita, super megagay. ¿Crees que se excitaba con los romanos y las falditas? ¿Crees de verdad que las películas de romanos son el origen del entorno gay? —le pregunto inquieto.

—Cariño, no lo sé —me dice al otro lado del teléfono—. Pero el caso es que mi adolescencia estuvo alborotada por todas esas falditas. ¿No crees que los cuerpos masculinos del *peplum* son más reales que todas esas musculocas del *fiebre del sábado noche* gay?

—Es que el aerobic ha causado muchos estragos. Y los anabolizantes. Aunque a lo mejor Steve Reeves tomaba anabolizantes.

—¡Steve Reeves no tomaba anabolizantes! —exclama indignado ante la idea de que su símbolo erótico pudiera tener músculos alterados.

—Terenci, eso no lo puedes saber, porque seguramente le administraban los primeros anabolizantes de la historia, y colaban mejor. Ya sabes, con la tecnología las cosas son más efectivas, pero tienen una calidad discutible. Es una contradicción...

—¡Steve Reeves no utilizaba anabolizantes! —insiste, disgustado—. Steve iba al gimnasio como una persona seria y entrenaba ese maravilloso cuerpo con una disciplina que ya quisieran para sí ciertos autores jóvenes.

—Bien, bien. Capto el mensaje. Pero, de todos modos, ahora se viven horas bajas para las musculocas. La gente no las invita tanto. Y regresa el efebo andrógino con una fuerza aterradora.

—Lo que me lleva a hacerte una pregunta que quizás no quieras contestar —me dice misterioso—. ¿Qué sabes de Jesús Vázquez? Hace ya unos meses que no me hablas de él.

—Bueno, creo que él no quiere saber nada de mí.

—¿Y lo sientes?

—Los dos hemos tenido sendos fracasos televisivos y ya sabes que dos estrellas de la televisión no pueden dejar de hablar sobre televisión. Así que no quiero sentarme con él a analizar lo que nos ha sucedido —respondo muy serio.

—¿Y por qué no? —insiste con tono malvado—. Erais tan amigos...; cuando viniste con él a Sevilla, estabas...

—Un poco enamorado... —digo de modo melifluo.

—¿Un poco?

—Vale, Terenci. Mucho, pero no pensaba dejar a mi novio por él. Es decir, nunca lo he hecho. Para mí, esa capacidad de enamorarme es importante. Me da cierta... brisa.

—Y carrerilla, porque, la verdad, estabas pesadísimo con Vázquez. Él no estaba enamorado de ti, ¿verdad?

—No. Pero, ¿no te ha pasado nunca que disfrutas imaginándote que lo están?

—Depende, Boris. Es muy peligroso creerte tus verdades alteradas. Sobre todo ese tipo de verdades. Porque tú ya conoces el amor en tu novio. Es el típico caso de querer sabotearte tu propia felicidad. Las mariquitas lo hacemos siempre. Bueno, y los heterosexuales también. Mira, sin ir más lejos, a nuestra querida Mar Flores: cuando ya tiene el amor del empresario y la casa y el coche, se enamora de un conde sin dinero.

—Bueno. Seguramente lo que más me atrajo de Jesús fue su belleza y su éxito y la idea de que mi propio éxito crearía una pareja morbosa.

—¡Cómo puedes confesar una cosa así! Es lo más perverso y lo más femenino que te he escuchado decir.

—Bueno, Terenci, pero nunca llegó a ser. Insistió siempre en que fuéramos amigos, sobre todo, porque le resultaba insólito que me emperrara por él teniendo yo un novio como el que tengo.

—¡Un novio que no te lo mereces, zorra!

—Sí, pero ya sabes: amenazo con hacer y no hago nada. En Sevilla yo deseaba que Jesús se lo pasara bien. Que te conociera, que nos riéramos, que fuéramos juntos al cine... lo típico de dos mariquitas jóvenes e inconformistas.

—Todo eso lo puedes hacer conmigo, pero con un *sex symbol* como Jesús es un poco más difícil. Bueno, estos gays liberados de ahora, que van al cine con tiarrones. No lo puedo entender.

—¿Pero tú no te follabas a tiarrones? —le pregunto con sorna.

—Claro, y después me los llevaba al cine. ¿Qué te creías? Por cierto, tampoco has vuelto a decir nada de ese otro *amour fou* tuyo, Jaime Bayly.

—Le llamé a Miami cuando estuve por allí, pero él se encontraba en Lima. Y me quedé pensando que por mucho que me guste Miami hoy día, no me veo viviendo allí...

—Pero, Boris, ¿todavía crees que si te enganchas de un escritor de éxito, él se va a enganchar de ti y te va a llevar a vivir a su hábitat?

—Yo puedo ser muy buena mascota, Terenci.

—Juraré siempre no haber tenido esta conversación.

—Lo mejor de Bayly ha sido... conocerle. Bueno, y el gazpacho en el hotel Wellington.

—Oh, Dios, ya empezamos... —me dice Terenci resignado.

—Sí, porque tú sabes que él me citó allí, después de presentarle su último libro *Los amigos que perdí*.

—Y tu libro debería llamarse *El novio que perdí por enamoradiza y gilipollas*.

—El truco de Jaime es su historia con la bisexualidad —comento con maldad.

—Oh, ¿vas a decirme que es completamente macho?

—Cuando te habla de sus hijas y de que las va a llevar a esquiar a Chile, sí, es como un joven macho latinoamericano. Bueno, no seamos malos. Jaime es divino. Somos los dos del mismo año, del 65. Igual que Jesús... y Estefanía de Mónaco.

—¿Ahora te enamoras por sentido generacional?

—¡Yo no me enamoro de estos hombres! —respondo con exaltación—. Me entusiasma la idea de que podamos enrollarnos y tener algo. Nada más. No sé si debo insistir en explicártelo.

—Oh, desde luego que sí: para que algún día estas conversaciones sean descubiertas y se sepa cómo pensaban las mariquitas intelectuales del fin de siglo más gay del mundo.

—No, no, es demasiado íntimo. No quiero hacerle daño a nadie —me refugio tímidamente.

—Salvo a ti mismo, Boris. ¿Tú entiendes la importancia de amar?

—Pero yo amo, Terenci. Te quiero a ti. Y quiero a mi novio, aunque no me guste mucho la idea de que nos volvamos una pareja burguesa, megaperfecta, con los vasos ideales, la casa ideal. Vale, vale, no es eso lo que quiero decir. Quiero decir...

—No hay ninguna necesidad de rebelarse frente al amor verdadero. Y tú lo tienes.

—Vale. Pero... ese gazpacho con Bayly. Bueno, fue... tan sexy. Ahora, no estoy de acuerdo con él en que sea el mejor gazpacho del mundo.

—Me han dicho que hay uno envasado en tetrabrick que es divino.

—Sí, divino, Terenci. Te lo tomas en el vaso y te quedas tan tranquilo.

—¿Y sólo hubo gazpacho entre Bayly y tú?

—Bueno, y unas disquisiciones sobre Vargas Llosa y su sensualidad y el *glamour* de Preysler.

—¡Ojalá un día publiquen esto y te lleven presa por maricona!

—Oh, Terenci... No sé si Bayly y Vázquez se mosquearán conmigo si esto algún día se publica. De todos modos, me gustaría dejar claro que, vale, lo reconozco: yo sí me enamoré, a pesar de que esto también pueda molestarle a mi novio. Me enamoré, repito. Y me dejé llevar. Porque eran dos hombres de éxito, brillantes y atractivos. Todo eso reúne una sensualidad a la que un bomboncito sexy y latinoamericano, como yo, no puede resistirse. Lo que pasa es que descubrí que ellos, aunque me dieron cuartelillo, en realidad nunca se habrían acostado conmigo porque no estoy lo suficientemente musculado.

—Boris, te van a llevar presa...

—Bueno, es la conclusión a la que llego. Cuando eres joven, exitoso e inteligente, lo único que te falta son músculos para completar ese cuadro de perfección que la verdad alterada invita a crear.

—Pero, si yo fuera un periodista, con músculo o sin músculo, y te preguntara si hubo sexo entre vosotros, ¿qué responderías?

—Fiel a mi provocación, diré una verdad alterada: gazpacho con Bayly e índices de audiencia con Vázquez.

—Asumo que me has utilizado como confesor, así que cambio de tema. ¿Sabes? Empiezo a pensar que tengo maleficio con lo de ir a Madrid.

—¿Qué quieres decir? —le pregunto con inquietud.

—Pues muy fácil. La última vez que he tenido el suficiente oxígeno para soportar el viaje, iba a una fiesta de Elena. Llego al aeropuerto, me siento en el avión y ¿sabes qué pasa? El avión derrapa...

—Terenci, es imposible.

—Pues lo he vivido. Empieza el avión a rodar por la pista y de pronto me quedo viendo unos olivos que hay en el Prat y pienso «vaya olivos más extraños crecen aquí en el Prat». Y en esto... las ramas del olivo están a punto de estrellarse contra la ventana del avión y el aparato a punto de irse hacia el césped.

—Terenci, no ha salido nada de eso en los periódicos...

—¿Y crees que Pujol va a reconocer que hay olivos en el Prat? Llevas tres años viviendo en Barcelona y no te enteras de nada.

—No deberías seguir contando tus peripecias en los aviones porque vas a coger una fama pésima de gafe, al menos en el Puente Aéreo.

—Por eso sospecho que es un maleficio. Desde que cerré la casa en Madrid es como si la ciudad no me dejara acercarme a ella. O que están pasando cosas en nuestros aeropuertos y todo el mundo hace la vista gorda. Sara Montiel tiene la mejor historia de aviones de todos los tiempos. Iba de París a Nueva York y cuando entra en el avión la reconoce una chica monísima y encantadora que le ofrece el asiento del pasillo para que le haga compañía.

—Espera, déjame adivinarlo, Terenci. La chica puede ser... Ursula Andrews.

—¿Estás loco? Y arriesgarse a que Ursula fuera más joven que ella en el relato. Jamás. La chica la reconoce y la llama *miss* Mann, porque entonces Sara estaba casada con Anthony Mann, el director. Y se presenta: «*Miss Mann, I am Miss Kennedy...*» —Terenci hace una pausa para aspirar su cigarrillo y dejar que la verdad alterada cree su propio ritmo.

—Terenci, es imposible.

—Oh, no. En el mundo de Sara Montiel nada es imposible. Así que fíjate: las dos *miss,* Sara de España y Jacqueline Kennedy, animadas con su conversación sobre Hollywood y España, que al parecer Jackie conocía perfectamente.

—Siempre te he dicho que Jackie fue entrenada por la CIA y sabía todo de todo el mundo.

—Bueno, no nos pasemos. Eso te lo puede dar la CIA y también una buena madre, porque no cuesta nada saber quién hizo El Escorial y qué tesoros hay en el Prado para impresionar a Sara de España. De todos modos, lo importante, lo que quiero contarte, es que las dos viajaban sobre el Atlántico y de pronto el comandante les informa de que iba a haber turbulencias en el vuelo.

—No me extraña —digo, riéndome.

—No, mi amor. No te rías. Están en medio del océano y el avión empieza a moverse como la batidora de un *dry Martini*. Jackie intenta mantener la calma y Sara la imita, para no dar mala imagen de España. Pero la cosa va a más, a más, a más... y de pronto estalla la ventanilla donde se sienta Jackie...

—Terenci, eso no puede ser —exclamo aterrorizado.

—Pues créeme. Era un avión antiquísimo. Imagina que eso fue cuando Sara estaba casada con Anthony Mann, es decir, ni soñabas en nacer. Estalla la ventanilla y, claro, Jackie podría haberse caído al Atlántico en un dos por tres.

Tú mira la importancia de lo que Sara hace: coge su bolso de viaje, ese gran bolso de viaje de la gran Sara Montiel, y lo arroja contra la ventana. Y, zas, maravilla, el bolso encaja completamente y sella la ventana accidentada. Y con este acto comprendes que una importantísima parte de la historia del siglo XX queda asegurada. Si Sara no hubiera arrojado ese bolso, qué te voy a contar, no habrían existido los años de reinado de Jackie en la Casa Blanca. Ni el triunfo del estilo Jackie...

—Ni Dallas, claro. ¿Cómo es que la CIA nunca le dio una medalla a Sara? —pregunto, todavía nervioso.

—Sara sólo aceptó como reconocimiento el «*thanks*» de Jackie. «*Thank you, Miss Mann*».

—Por cierto, Terenci, ¿es cierto que has vuelto a fumar?

—Bueno, sé que me has visto asfixiarme en los restaurantes y que eso te preocupa. Pero sí, he vuelto a fumar. Intenté lo de la hipnosis, pero en realidad me dio un poquito de miedo porque me recordó una película de Gene Tierney, y ya sabes lo loca que terminó la pobre.

—Pero lo de la hipnosis ahora es fantástico —le digo—. Yo mismo me sometí a una sesión para un programa de regresiones en la televisión chilena.

—Muchos actores del cine español lo hacen y así les salen las películas. Un actor psicoanalizado es lo peor.

—Tengo una duda, Terenci. Si te sometes a hipnosis, ¿qué se supone que hará con tu adicción al tabaco?

—Incrementarla, sin duda. Con sólo estar en el despacho del hipnotizador ya te entran ganas de encender un cigarrillo.

—¿Y aquella psicóloga cerca de tu casa?

—Ah, era maravillosa, porque hablaba castellano con un fortísimo acento catalán. Me decía: «Me llamo Mercedes y no soporto que me llamen Merche». Era totalmente contraria a la catalanidad. ¡Pero con ese acento! No disimulaba nada.

—Qué bien, he recuperado mi conexión a Internet y quiero enviarte unos CDs de Felipe Pirela. Le adorarás. Era un cantante de boleros venezolano con una vida trágica. Le mataron muy joven, a mi edad más o menos. Al parecer estaba comprando papelas de cocaína, aunque algunos dicen que cuando le liquidaron estaba intercambiando niños que alquilaba para su pedofilia. Cantaba maravillosamente y ahora se le recupera en Internet.

—Es que Internet es la auténtica Biblioteca de Alejandría. Estoy revisando en la red unas fotos de la «Propiedad de Lana Turner», es decir, *Lana Turner's Own*. Hay algunas de una barbacoa en su yate.

—Oh, Dios mío, Terenci, tienes que hacerte con ellas.

—Lo voy a intentar, pero ya sabes que están esas otras demonias de la red que cada vez que me intereso por algo se arremolinan y empiezan a pujar más alto.

—¿Esas que firman con nombres de dioses egipcios?

—Sí. Las muy perras, creo que han copiado sus *nicks* de mis novelas. Son temibles: ven que me gusta algo y suben el precio, a veces de una manera tan brutal que paralizan la subasta. Y estoy seguro de que en la central mundial de Internet alguien dice: éstas son unas mariconas peleándose entre ellas y no nos hacen caso. Y claro, como ellas están al otro lado del charco, tienen a su favor la diferencia horaria. Y se quedan tan campantes saboteando subastas a las seis de la tarde mientras que aquí es medianoche. Son mi pesadilla. Cuando veo aparecer sus *nicks,* sé que esa noche no podré dormir. Ahora están pujando por una foto de Sal Mineo, pero, eureka, ésa ya la tengo y las pobres no saben que están comprando una copia. Voy a pujar para confundirlas y arruinarlas...

—Estuve en Londres y quise comprarte un calendario de Leo di Caprio. Luego me arrepentí de no haberlo hecho, pero es que no quería que me vieran con él en el avión. A veces, de verdad, somos como bobas.

—No te preocupes, el calendario me da igual. Pero no entiendo por qué te avergüenza ir con una foto de Leo, si es la persona más guapa y talentosa de Hollywood en los últimos años.

—Terenci, eres la única persona a la que le gustó *La playa*.

—Es que ha sido una película malentendida. Y no lo comprendo. Ahora se quiere recuperar la libertad de los años sesenta. Aparece la película que respeta todos sus postulados y pasa inadvertida porque la gente estaba harta de *Titanic*. En fin, una de esas injusticias.

—Los postulados de los sesenta los tienes muy bien reflejados en *El día que murió Marilyn* y en *Extraños en el paraíso*, Terenci. Pero una película de Leo di Caprio...

—Eso es lo que nadie quiere entender sobre *La playa*. Es como un *Zabriskie Point* revisado. Y muy bien revisado, quiero decir. La injusticia que se ha cometido con esa película, bueno, no tiene nombre. En fin.

—Terenci, tengo que confesarte algo. Me han invitado a la inauguración de una discoteca, que esté allí una hora o dos, dejándome ver, y me pagan... un millón por hora.

—¿Dos millones por estar en una discoteca? —grita escandalizado—. Dios mío, es vergonzoso. ¿No tendrás que tirarte a alguien en público o algo así?

—Oh, Terenci. Es muy probable que no acepte. La gente se te tira encima, te tocan, algunos te insultan o se pasan.

—Hombre, es que por dos millones tienen un derecho.

—Bueno. Haremos como que nunca te lo he dicho. Yo sólo te lo planteaba porque me da un poco de vergüenza y sin embargo me tienta.

—Pues, tómatelo como una conferencia; un poco mejor pagada que una conferencia normal, pero un acto parecido al fin y al cabo. En ambas la gente va a verte. Además, si quieres puedes dar un discurso muy mono en la pista y así te sentirás un poco mejor. ¿Qué te parece sobre gazpachos? Por cierto, ¿en qué piensas gastarte los dos millones? Conociéndote...

—Quiero comprarme unos muebles nuevos...

—La decoración es siempre una buena causa.

—Terenci, por Dios, enciende la televisión —grito asustadísimo—. Algo increíble acaba de pasar. Un avión se ha estrellado contra el World Trade Center.

—Dios santo —hay un silencio, Terenci aspira su cigarrilo o se sobrecoge ante la visión—. Es... Es... Hiroshima.

—Pero, ¿cómo es posible? —digo casi en un susurro.

—Hostias, esto sí que es una verdad alterada. Tu libro tiene poderes. Joder, los americanos son los inventores de todo desde la Segunda Guerra Mundial. Y desde luego, son los inventores de tu verdad alterada. Imagina esta guinda para tu libro. De todos modos, ¿esto qué es? ¿Un accidente o un atentado terrorista? Porque si es lo segundo, estamos viendo un *Independance Day*, pero en la realidad. Y si son terroristas integristas, lo maravilloso es que atacan siguiendo parámetros que Hollywood les apunta.

—Mi hermana trabaja en las Torres Gemelas —le respondo muy nervioso.

—Pues pídele a Dios que se le pegaran las sábanas...

—Pero, pero... Es horrible lo que estoy pensando, Terenci, y no puedo evitarlo: ¡hay una cierta belleza en todo esto! ¿No te parece?

—Si, claro la del holocausto —afirma Terenci con desdén—. Vaya, con los escritores gays buscando belleza en todos sitios.

—Pero, Terenci, es terrible y sin embargo... perfecto. Lo insólito es que lo surreal ha desplazado para siempre a la realidad.

—¿Te das cuenta de lo que dices? Lo surreal ha desplazado para siempre la realidad. Dios mío, yo que pensé que con la censura habíamos tenido suficiente para una vida entera...

—Terenci, mira la tele: es el triunfo de la Verdad Alterada. Oh, Dios, oh Dios mío, oh Dios mío... otro avión. Terenci, acaba de estrellarse.

—Ese avión... Pero, nadie hubiera podido pintar esto. Ni filmarlo. Tienes razón: ha sido una línea perfecta de fuego. En un día tan claro, a esa altura. Todo ese fuego. Es más aterrador que el final del *Planeta de los simios,* primera parte. Más aterrador que el mejor Magritte. Más violento que Hiroshima.

Decidimos cortar.

Durante tres largos cuartos de hora. Al igual que el resto del mundo, observo en el televisor el momento *America Under Attack*. Y el desplome de la primera torre. Y, entonces, ya con el sobrecogimiento del auténtico dolor, el de la segunda. No sé cómo explicarlo, pero uno siempre le tiene más cariño a un gemelo que a otro, ¿verdad? Yo amaba la Torre Norte. Allí estaba Windows of the World con su insuperable bar de cuero rojo y aluminio. Una tarde en que creía estar enamorado de un aspirante a dramaturgo, judío, que luego devino en chapero de decoradoras prestigiosas, subí a ese bar, para ver la maravillosa Gran Manzana: un gesto fútil y malsano de loca despechada. Por una vez en mi vida no sentí vértigo. Ni tampoco deseos de suicidarme; algo por lo demás impensable en la placidez suspendida de esas ventanas al mundo. Oh, ¡cuánto voy a extrañarla! Esa magnifica Torre Norte. Debajo quedaba mi librería favorita en Nueva York. Y sin embargo, la crueldad del destino y de la verdad alterada me permiten ver su antena perdiéndose para siempre en una nube de polvo y final.

Comunicarse con mi hermana, que tan presente está en este libro y en sus fiestas, se vuelve imposible. Nueva York está colapsada. El *America Under Attack* prosigue: el Pentágono se derrumba, la Casa Blanca es evacuada y yo pienso en el salón Azul decorado por Jackie. ¡Qué tipo de protección es necesaria para que estas joyas del siglo XX no desaparezcan! Se hace más y más difícil dar con mi hermana. Mis padres están en una conferencia de prensa del bailarín Ygor Yebra en Caracas. ¿Qué padres son los que acuden a una rueda de prensa de un bailarín cuando el mundo occidental se desploma junto a sus símbolos? Bush habla. Las cadenas españolas repiten sin cesar las imágenes. Vemos a los individuos atrapados en esas columnas de muerte. Nadie dijo nada cuando los talibanes se cargaron los Budas gigantescos en Afganistán. Si ese gesto hubiera hecho reaccionar a Occidente, quizás estos otros budas de nuestra contemporaneidad habrían conseguido preservarse. Al final de esta tarde angustiosa, mi hermana logra enviar un e-mail: «Estamos bien, aterrados pero bien. He visto las torres desplomarse desde mi ventana. No están. No están».

Terenci vuelve a llamar.

—Necesito confesarte algo. Me he estado portando mal —dice con voz de niño asustado y travieso.

—Terenci, lo dudo. El mundo entero está paralizado delante de los televisores. ¿Crees que habrá Guerra Mundial? ¿Crees que debemos bajar a los supermercados a hacer compras histéricas?

—De eso quiero hablarte. Ésa es mi confesión. He efectuado unas compras divinas en Internet.

—Terenci...

—Sí, sí, como bien has dicho, el mundo entero está pendiente del atentado más grande de la historia de América. Y al mismo tiempo en Internet están subastando unas fotos divinas de Troy Donahue, que acaba de morir, el pobre, y Angie Dickinson. Salieron a subasta a unos precios astronómicos. Y, zas, destruyen las Torres Gemelas y hete tú que empiezan a bajar los precios de esas fotos y a bajar y a bajar... porque no hay nadie para comprarlas. Menos, claro... a *little girl from Little Rock...*

—No contaban con tu astucia, Terenci, como decía el Chapulín Colorado.

—Pero, claro, esas malvadas mariconas que se ponen *nicks* egipcios robados de mis novelas, al percatarse de que yo he estado comprando durante el horror, me han enviado un e-mail.

—Oh, Dios, Terenci, te han pillado...

—Son muy, muy malas. El e-mail dice: «Querido amigo, hemos notado que a pesar de los acontecimientos, usted ha seguido en la subasta. Enhorabuena por las fotos que ha obtenido en buena lid. Rogamos con todas nuestras fuerzas que en su país nunca, nunca, experimenten un horror tan grande como el que estamos viviendo...».

Crónica doce

¡Sorpresa!

En la fiesta sorpresa para Ana Belén, una canción significa un compromiso. Sinatra es el *glamour;* la ranchera, el desgarro; el cuplé, la España que fuimos, y *La chica yeyé,* la que seguimos siendo. (Fotograma de *El amor perjudica seriamente la salud,* 1996)

Siempre he sido enemigo de las fiestas sorpresa, esas donde el último en enterarse es el homenajeado. En realidad, buena parte de la vida es una fiesta sorpresa. Y si no, que se lo pregunten a los que ganan la lotería o mueren en un atentado. Por eso, siempre he deseado que una fiesta se separe de lo inesperado. Porque una fiesta es siempre un refugio. Bien sea al final de un largo día, bien durante un período crítico o animado de nuestra vida, a una fiesta vas a relajarte y, si es posible, a ser tú mismo. Si eso lo perturbamos con el concepto sorpresa, pueden quedar peligrosos cabos sueltos. Sin embargo, en Madrid, esa capital de agitaciones y rumores, tal cosa se ha puesto de moda con alevosía. ¿El auge de la fiesta sorpresa guarda relación con la mayoría absoluta del partido más conservador del país? ¿Es una respuesta, velada, a los ataques de ETA? ¿Alguien ofrece fiestas sorpresa en el palacio de La Moncloa? ¿Eva Sannum es toda ella una fiesta sorpresa?

Un buen día de septiembre de 2000 recibo una invitación para celebrar los cincuenta años de una célebre representante de actores de España, Clara Heymann. Y me asombro cuando se me informa de que será una fiesta sorpresa en casa del decorador Pascua Ortega; una casa que más bien parece un palacio, ecléctico y exquisito, en pleno Madrid de los Austrias. Y pienso que no es una sorpresa, sino una triple sorpresa. Primero, porque se festejan cincuenta años de vida: una fecha bastante importante en estos días que prueban que aún no sabes en qué momento un avión comercial hará estallar las Torres Gemelas de Nueva York. Segundo, te la ofrecen tus amigos en agradecimiento a tu labor excelsa como representante de actores quisquillosos y célebres. Y tercero, lo celebran en una de las casas más bellas de toda la ciudad. ¿Quién puede asegurarnos que esta sorpresa no vaya a devenir en infarto?

Reunidos en el amplio *hall* palaciego de Pascua Ortega, voy viendo rostros de famosos que han sido nombrados en este libro. A un lado se amontonan espectaculares regalos. Mi novio y yo hemos escogido un bolso, porque sabemos que la señora Heymann es «muy de bolsos». «Todos los representantes llevan sus bolsos como fetiche, para guardar tu sueldo, su móvil, su agenda y también tu móvil y tu agenda», dice uno de los invitados, por supuesto, cliente de la homenajeada. Pequeña verdad alterada: la relación, a veces caníbal, entre representantes y representados es igual en el Madrid de los Austrias que en Los Ángeles.

Poco a poco el número de celebridades por metro cuadrado apabulla: ese tipo de congestión que Madrid disfruta como ninguna otra ciudad del mundo. Seré sincero y reconoceré que estas celebridades tienen en común a su representante y al mismo tiempo unas largas décadas de amistad. Es decir, juntos ofrecen el mosaico biográfico de la homenajeada.

—Esta vez puede darle un ataque —digo de pronto—, porque ella no espera ver tanta gente reunida.

—Bueno, ella es muy importante para nosotros, Boris —me dice Ana Belén, que siempre tiene ese don de calmar la ansiedad.

—Rezo porque tengamos un médico en la casa —ironizo.

—Está Monedeo —informa un conocido fotógrafo, refiriéndose al cirujano plástico Enrique Monedeo.

—Muy propio para una fiesta sorpresa de cincuenta años —agrega una petarda cuyo nombre, lógicamente, me reservo.

En medio de esta discusión, entró la cumpleañera y todo fueron gritos, felicitaciones y esas cámaras de vídeo que aparecen incluso bajo la nube de escombro y terror en el derrumbe de las Torres Gemelas. Desde mi esquina, siempre cerca de mi novio, observo el rostro de mi amiga Clara. Estupefacta, aterrada, asustada. Víctima de la fiesta sorpresa.

Unos meses después recorro junto a mi novio y su ex jefe la casa de este último en una apartada orilla de Galicia. Delante de nosotros se levantan los arrecifes de Finisterre. Al lado, un mar embravecido. Dentro de la vivienda, mármoles divinos, muebles exquisitos y una comida extraordinaria. Es un tipo de vida que me sorprende, porque nunca acabo de creerme que en lugares tan apartados y salvajes se pueda seguir siendo sibarita: los mejores muebles, telas delicadas y electrodomésticos que siempre asocias a la más sofisticada de las ciudades.

Pues bien, en ese paraje de verdad alterada recibo una llamada a mi móvil. Sorpresa, es Víctor Manuel, el sex-symbol del pop comprometido y, aunque no lo sepa mucha gente, uno de los hombres más divertidos del país.

—Ana va a cumplir años el sábado que viene y me gustaría darle una sorpresa.

—Oh, Dios, Víctor, ¿le ofrecerás una fiesta sorpresa a la musa de la Transición?

—Sabes que a Ana no le gusta que la llamen así.

—Y la idea de la fiesta sorpresa, ¿crees que le gustará? —pregunto.

—Es que de otra manera no querrá celebrarla. Ana cumple cincuenta años y no le apetece la idea.

—Lo mismo le pasó a Preysler, si me permites el comentario.

—¿Y ella hizo fiesta sorpresa?

—Ya sabes lo reservada que es. Lanzó una página web, que es divina. ¡Ay, las fotos donde está jugando al ping pong con una camiseta de Yves Saint Laurent son mis favoritas!

—Bueno, Ana lo celebrará, sin saberlo. Y le gustará. ¿Vendréis tú y tu novio?

Contesto positivamente. Luego, confieso, me da un cierto escalofrío que Víctor Manuel, tan Víctor Manuel, tenga ese punto gay *friendly* de invitarnos como pareja. Pero mi novio la fastidia. No piensa ir. Asegura que será un evento mediático, otra aglomeración de celebridades. Sin embargo, acepta escoger el regalo que haremos a la diva: dos enormes pulseras de un ébano extraordinario.

Cargado con ellas llego al Círculo de Bellas Artes, en Madrid, ese edificio de estética fascista que tan bien ha sabido integrarse en los vaivenes de la Movida, la pos-movida y el pos-todo. Un elegante joven, vestido con uniforme, me acompaña al ascensor. Mi presencia en la Feria del Libro me ha obligado a acudir con retraso a la cita. He perdido ese momento sorpresa para Ana Belén. Y lo agradezco, no me apetecía asistir al juego sádico de ver qué cara pondrá la estrella cuando vea congregadas a las personas más significativas de su biografía.

Al llegar, otros dos chicos perfectamente uniformados, de una belleza serena, me indican que mi mesa es la *penta-*

grama. Descubro así que todas las mesas de la fiesta llevan un nombre vinculado a la música. Y *pentagrama* acoge a Miguel Bosé, Mercedes Milá, Carmen Maura, Jesús del Pozo, Loles León, Santiago Segura, Ana Belén, Víctor Manuel, Carmen Alborch y servidor. Como pronuncia Loles desde su asiento: SO-CIA-LIS-MO.

En ese momento se me viene a la cabeza la fiesta-recuento de votos en casa de Elena Benarroch: la fiesta con que se abre este libro y que marcó el final del Partido Socialista Obrero Español y el principio de la mayoría absoluta del Partido Popular. Recuerdo a Ana Belén abandonando aquella fiesta-velatorio profundamente dolida por el fracaso de un compromiso personal. Ahora, un año después, brilla como invitada estelar de su propia celebración. Abre cuidadosamente el paquete que encierra el regalo escogido por mi novio.

—Son de ébano. En África se dice que el ébano es para las diosas —advierto, y Ana Belén dispara su célebre sonrisa. Reconozco que el obsequio lo ha escogido mi novio y Ana Belén pregunta por él. Le explico que prefirió no venir porque asumió que sería un evento multitudinario. Maura aprovecha para subrayar entonces que lo más maravilloso de la fiesta es precisamente eso: que no hay ni un solo periodista, ni un solo fotógrafo, ni una sola cámara de televisión.

Empieza la música interpretada por una impresionante orquesta de más de treinta personas. Mercedes Milá se levanta:

—Es como en los barcos: se danza antes de la cena.

Me uno a ella. Somos Alberto de Mónaco y su hermana Carolina iniciando el Baile de la Rosa. A nuestro alrededor están Concha Velasco, Iñaki Gabilondo y Eduardo Úrculo. Socialismo, socialismo por todas partes en ese insólito patio de columnas que un arquitecto dejó como legado sin fecha a una ciudad siempre en transformación. Los miro y me pregunto por qué estoy aquí. Bailamos una canción de Roberta Flack. Siempre me fascina bailar canciones de otros intérpretes en fiestas de ídolos musicales. Puede parecer una tontería, pero tiene su morbo. En la boda de la hija de Raphael alguien puso el *No cambié* de Tamara y fue un error: la pista se vació. Sin embargo, sonó *Satisfaction* de los Rolling Stones y generó una locura. Lo mejor fue cuando el marido de Alaska y servidor decidimos hacer el *So Lonely* de Police como si de verdad estuviéramos dando los botes del grupo en un concierto en vivo.

Aquí, en la fiesta sorpresa de Ana Belén, todo posee la serenidad y la innata elegancia que el compromiso izquierdoso te da *ipso facto*, es decir, un punto culto y sobrio, pero al mismo tiempo divertido como para no seguir un orden estricto en las reglas: picar aquí y allá entre la rigidez del protocolo y el desbordamiento del talento. La cena resultó espléndida. Y me niego a describirla, porque es algo que nunca he entendido de la prensa social. Ese empeño en decir lo que se comió me parece vulgar, si luego lo vas a olvidar. ¿Quién recuerda un menú del Baile de La Rosa? Bueno, casi me parece estar oyendo a Terenci decir que en Internet hay una decena de locazas en Niza que sí lo recuerdan. Pero, en realidad, hablar de comida me espanta. Una vez ingerida, su recuerdo no es más que un gas, estupendo, prolongado, pero completamente despachable. Pues bien, después de la espléndida cena, Santiago Segura se levanta de la mesa y sube junto a la orquesta.

—Ana, desde que te conozco he necesitado un psiquiatra que me haga desenamorarme de ti. Y es una tarea difícil, porque el mío me dice que salga con chicas jóvenes y guapas, pero es imposible: cada año estás más guapa y más joven y más buena que cualquiera de esas chicas.

El piropo es recibido con la estruendosa ovación de los compañeros de trabajo. Y entonces, Segura coge el micro y se dispara un *I've got you under my skin*. El aplauso es cálido. La interpretación ha sido osada, divertida y enternecedora. Loles León es la siguiente y Víctor Manuel me explica que cada uno de ellos ha venido por la tarde a ensayar. Es decir, la fiesta sorpresa es un homenaje íntimo y secreto a la actriz-esposa- musa-diva comprometida.

Loles interpreta *El rey,* la ranchera de las rancheras. Aquí, en el escenario, con la orquesta, está sobrada, inmensa. Desgrana cada palabra con una fuerza desconocida y remarca ese mensaje vital de que pase lo que pase, vivamos lo que vivamos, nos joda quien nos joda, «seguimos siendo el rey». Ana Belén se levanta y con ella todo un aplauso. Loles mira desde el escenario como si acabara de ganar ese premio que ofrecen en *All About Eve,* el Sarah Siddons: un reconocimiento de sus compañeros de rodaje, sus compañeros de lucha en un país de luchas. Es, seguramente, el mismo pensamiento que cruza la mirada de la actriz homenajeada.

Un joven adorado por todas, Luis Alegre, estudioso del cine, director de un programa cinematográfico en la televisión y amigo de Penélope Cruz, sube al escenario y canta *La bien pagá.* Su mano perfectamente colocada en el diafragma le sirve de guía. En ese momento empiezo a ver que cada melodía encierra una pasión de Ana Belén. Sinatra y su elegancia peligrosa. Las rancheras y su perfecta reivindicación latinoamericana. La canción española y las contradicciones que encierra en una fiesta como ésta. La canción española —banda sonora por excelencia del franquismo— ha sido sabiamente recuperada por la izquierda que, a pesar de las humillaciones, no sabe ser rencorosa. Ana Belén vuelve a levantarse y a dejarse llevar por las complicadas ramificaciones pasionales del tema. Es el himno de este país, y esa mujer bien pagá somos cualquiera de nosotros.

Miguel Ríos, que llega tarde por un partido de fútbol, entonó *Maquinavaja* con esa parcela Kurt Weill tan de los sesenta, tan de teatro comprometido en los primeros setenta. Me recuerda las fiestas de mis padres en mi infancia. Ponían todo Kurt Weill. Y canciones de Bola de Nieve. Y cuando ya se habían bebido el wisky, no dejaban de repetir una y otra vez las sinfonías de Mahler, claramente influidos por la banda sonora de *Muerte en Venecia* de Visconti. ¡No me extraña que al final hayan tenido un hijo megagay y megaestrella!

Gurruchaga, también en la fiesta, rememora a Lennon a través de un lentísimo *Imagine.*

Entonces, Mercedes Milá se apodera del micrófono y anuncia lo impensable. Con voz de emitir un veredicto sobre *Gran hermano*, presenta a Concha Velasco. ¿Y qué canta Concha? *Chica yeyé.* Sí, lectores, nada más y nada menos. Maura se lanza al centro de la pista a bailar. Bosé hace lo mismo. Loles y yo nos desgañitamos cantando. Javier Álvarez, el relevo generacional de la canción protesta, no deja de contonearse. En un respiro miro cada columna de este salón. Ana Belén baila con su hija. Concha Velasco, revitalizada, más enérgica que nunca, se mueve por el escenario, entre la orquesta, con la canción que la volvió leyenda. Y ésa es la suerte de los intérpretes: no tienen que explicar la grandeza de las obras a las que han ofrecido su vida. Pueden pasar muchas mayorías absolutas, suceder tantas pérdidas de fe y tantas caídas de dogmas y allí estará la transparencia de una canción, en este caso, el palpitar yeyé de esta chica y su propia cantante, divinamente vestida de negro y con las heridas abiertas ante un presente indómito. Pero la canción seguirá derramando su vitalismo y al mismo tiempo encerrando todas sus vinculaciones con la dictadura y con su tímido aperturismo; el aperturismo del seiscientos y de la ingenuidad yeyé de un español siempre dispuesto a convivir con su complejo de inferioridad y a volverlo su mejor arma.

Ana Belén toma la palabra al final del concierto. Con su perfecta voz de primera actriz reconoce que durante todo el día sospechaba algo. Precavida, como toda primera actriz, decidió en el último segundo cambiarse los tejanos por unos magníficos pantalones de satén. Crece el murmullo en la sala: Ana Belén no va a reconocer nunca que le han dado una sorpresa. Ella, desde el escenario, prosigue: «Muchas cosas han pasado en mi vida. Éxitos y fracasos, pero mi mayor triunfo sois vosotros». Se instaura un breve silencio, casi diseñado para asimilar la sinceridad de la actriz, que mezcla en una frase la sensibilidad social de aquella nueva trova cubana con el reconocimiento del éxito materialista en plena eclosión de la posmodernidad. El aplauso es sobrecogedor, vivo, *engagé*. En un barrido, veo a Carmen Maura aplaudir con lágrimas en los ojos. A la Velasco agitar su maravilloso pelo negro de chica yeyé devenida en socialista. La Milá se deja caer en el antebrazo de Bosé y los dos parecen una versión castiza de Barbie y Ken. Loles se apoya en Segura y Jesús del Pozo y la ministra Alborch se sujetan por los hombros como si estuvieran delante de una barricada en el mayo francés.

Parpadeando ante tal panorama, me doy cuenta de que esa nunca bien definida vena cursi es vital para el pensamiento socialista. Y así como a los gringos les ayuda a mantenerse inflexibles e imperiales en su ingenuidad Mickey Mouse y su autoaceptada mejor justicia del mundo, al universo socialista, en cualquier cultura occidental, lo sostiene vivo este ir y venir de sentimientos desgarrados, verdades absolutas y épicas creadas desde la emoción. Y cuando esa sensibilidad se enfrenta al triunfo monetario y social, se recrudece el lado cursi; quizá porque la sensiblería es la única defensa para seguir avanzando en los laberintos del éxito; un éxito siempre mejor entendido por el despiadado capitalista que por los cantautores comprometidos.

Pero como suele suceder, cuando has asistido a un espectáculo irrepetible, regresas a casa feliz. Ha sido el mejor concierto que he disfrutado junto a los reyes de la canción protesta. Y descubro que en algún punto endeble y gaseoso de esas canciones se sostiene una verdad alterada de este país: pasó de una dictadura católica anticomunista a ser la esperanza socialista de Occidente. Esa esperanza se volvió añicos y algunos recogieron los pedazos como si fueran trozos del muro de Berlín. España se adentra ahora en la madurez de su democracia con una sociedad conservadora en la que convivimos gays mediáticos, mitos de la transgresión y señoras inversoras de Bolsa que desfalcan los ahorros de unos cuantos obispos. Y todo sigue igual. Todo ha obtenido idéntico perdón. *Chica yeyé* es una gran canción. Y Sinatra, lejos de ser la voz del imperialismo, es la voz de terciopelo.

CRÓNICA TRECE

MI VERDAD

Barbarella se adentra junto a Duran-Duran en la cámara de sueños de la Reina del Soho. Invitados maravillosos para la mejor fiesta de mi vida. (Fotograma de *Barbarella*, 1968)

Empecé a ser Boris Izaguirre el día que convertí un pañuelo de mi madre en capa de Superman. Mi padre me llevaba al colegio y cuando estaba en la puerta, lo sacaba de mi cartera escolar y me lo ataba al cuello. Me pasaba el día entero con mi capa de superhéroe. Tanto éxito tuve que uno de mis compañeros, en vez de arrebatármela, como haría cualquier niño, me la pidió. El gesto me encantó, sobre todo porque venía a reconocer que en mí había algo de árbitro de la elegancia. Si no de la elegancia, al menos de lo diferente, de lo que ahora nos empeñamos en llamar *fashion.*

Yo he sido muy *fashion.* Siempre. Pero, sobre todo, siempre he tenido un don especial para conciliar en mi persona escándalo y reflexión. Dos palabras que en España conviven perfectamente. Cada día nos levantamos con un escándalo nuevo y reaccionamos ante él con ingenuidad y estupefacción para luego lanzarnos como si fuéramos guepardos contra los antílopes. Devoramos el escándalo hasta llenarnos las entrañas de asombro y magia. Y nos vamos a dormir con la tranquilidad de saber que al día siguiente habrá otro y que no dejaremos de escandalizarnos porque somos inmunes a la cotidianidad.

No sé si esa fue la razón que me hizo venir a España, pero una vez aquí descubrí que este país era el territorio perfecto de la verdad alterada. La primera noche que pasé en Madrid —diciembre de 1990— tomé un taxi para ver una comedia de Els Joglars. Dentro del coche, el conductor escuchaba el análisis deportivo de un partido de fútbol. Con mi acento venezolanísimo le comenté que en todas partes se oía fútbol y telenovelas. El conductor detuvo el coche.

—¡Eso no es verdad! Aquí en España nos interesa la cultura. Tenemos el Prado. Y la buena comida. Las mujeres guapas. La política internacional. Mire cómo se ha reunido aquí «el Gorbachov». ¡Eso es lo que nos interesa!

Por supuesto, era mentira: en lo que el locutor gritó gol, el taxista hizo lo mismo y dio un puñetazo al asiento del copiloto. Es decir, los alcances de la doble moral son mucho más extensos de lo que creemos y llegan a ese estado alterado de autonegación de la realidad.

Me gustaría recordar la primera fiesta en la que me sentí verdaderamente español. Fue, cómo no, en esa isla alterada que conocemos como Ibiza. Llegué allí, acompañado por mi novio, a visitar a nuestro común amigo, «La Madrina»; un amigo que siempre ha resultado un faro de esperanza en nuestras agitadas vidas. La Madrina se llama en realidad Rafael Díaz. Fue bailarín de una compañía de ballet moderno en Caracas. Es dominicano, aunque aborrece el pescado, porque tuvo una mala digestión en su infancia caribeña. Desde que vive en España, a partir del año 1992 —es decir, quinientos años después del Descubrimiento—, se dedica a crear atuendos estrafalarios para una moda que se conoce como anti-moda. En Ibiza, La Madrina estaba contratado por una discoteca multiétnica denominada Privilege. Su labor consistía en hacer vestuarios de fantasía para la *troupe* de *performers, drags* y gogós característicos de la estética *rave;* esa filosofía musical que inunda, posee y domina la isla balear.

—Mira la isla —decía La Madrina mientras descendíamos por la colina de San Antonio hacia el centro de Eivissa—. ¿Puedes notar la energía? ¿Lo diferente? —en efecto, atrapados en el Volkswagen que mi novio había alquilado, el centro de Ibiza, con su fortaleza y su aspecto de montañita mágica, resulta un planeta cargado de alucinaciones, peligros y verdades alteradas.

La Madrina nos llevó al Croissant Show, un establecimiento diseñado para el consumo de desayunos multienergéticos y que a esa hora, once y media de la mañana, parecía la estación central de una prolongadísima juerga. Nadie tenía una imagen normal, quiero decir, vestidos como para ir a una oficina, una tienda o una productora de publicidad. Todo el mundo lucía un aspecto galáctico, cibernético... cualquier cosa que oliera a *tico,* que en los albores del nuevo milenio viene a sustituir el *ismo* del siglo veinte.

—Cuando los ves así, a todos juntos, te das cuenta de que Ibiza es el reino del disfraz —me advirtió La Madrina, contratado precisamente para crearlos—. Disfrazado todo el día, hasta que pierdes noción de quién eres realmente.

Fuimos a las playas y sentí ese ramalazo de mitología griega que ofrecen las Baleares y por el que tantas personas sensibles terminan perdiendo los papeles en sus orillas. No son islas para el sosiego. Todo lo contrario: son un cúmulo de rocas donde el viento incita al demonio permanentemente y el diablo hace lo que sabe hacer: confundir, perder, alterar.

Esa misma noche, La Madrina nos convidó a una fiesta privada, ese concepto tan español y segregacionista. Siempre he entendido que una fiesta es algo delimitado y que sucede en un lugar determinado. Por tanto, no hay necesidad de añadir el «privado». Sin embargo, en España es una redundancia completamente aceptada.

Bien, continúo. Llegamos La Madrina, mi novio, la *troupe* que acompaña a La Madrina en todos sus actos públicos y yo. Era una amplia casa que pretendía tener estilo rural ibicenco; pero que de tanto ser intervenido por manos europeas tenía el aspecto de iglú esquimal con toques aleatorios de Toscana florentina. Todo ello, cómo no, saturado de telas blancas volando sobre los invitados —muy videoclip de los ochenta— y proliferación de velas, velones y velitas por cualquier rincón. En definitva, la decoración que alguien había decidido como correcta para una noche estival.

Lo primero que llamó mi atención fue la ausencia de mujeres. Fiesta gay total, es decir, amplia exhibición de pectorales de musculoca bronceadísima. Quiero confesar que no existe peor escenario para una fiesta que una *party* gay. ¡Dios, son mucho, mucho peores que las fiestas sorpresa! Porque la conversación es siempre incompleta. Se empieza hablando de lo maravillosa que es la isla y de su energía superespecial, para luego desvariar sobre las películas que te sugieren dicha fiesta; películas que generalmente son sólo tres: *Dioses y monstruos, Grease* y, por supuesto, *Maurice*. «¿*Maurice* en Ibiza? Si no tiene nada que ver», me preguntaría Terenci meses más tarde cuando le hablé de todo esto. Pues sí, los mariquitas, bronceados o no, ven estética victoriana allí donde se pongan unas velas y unos cuantos cuerpos semidesnudos.

Bien. Aterrado ante la idea de estar allí no pude más que recordar otra fiesta: la última fiesta enteramente gay a la que asistí, a principios de los ochenta, en mi Caracas natal. Se celebraba en un apartamento minúsculo y nadie podía moverse por la proliferación de músculos y de abultadas prendas de cuero. «¿Cuero en el trópico?», preguntará de nuevo Terenci. Pues sí, las mariquitas son contrarias a la realidad en cualquier parte. Imposible moverse. Entonces sugerí a uno de los invitados que su chaqueta estilo aviador gringo estaba fuera de moda. Dicho esto, hete que siento una brisa maravillosa en mi rostro y descubro que las muy malvadas musculocas intentaban arrojarme al vacío desde la única ventana de una fiesta saturada de bíceps. Una mano caritativa, que luego me acompañó a dormir a una casa más amplia, sujetó mis tobillos y me sacó de ese nido de asesinos *leather.* Desde entonces, se comprende, siento alergia hacia las fiestas gay.

Pero volvamos a Ibiza. Junto a La Madrina, la vida es siempre feliz. Por eso, en esta fiesta homoibicenca él nos mantuvo cerca de la mesa del bufé el tiempo suficiente para que pudiéramos ver cómo las locas nos observaban como a bichos raros por no tener el mismo tono muscular o la misma predisposición a semidesnudarnos. Estuvimos todo el tiempo a nuestra bola y disfrutamos de la música, que como es sabido a estas alturas, siempre es clase A en cualquier fiesta gay que se precie.

En esto, uno de los miembros de la *troupe* de La Madrina se enfrascó en una discusión sobre el sexo en Ibiza. Sus oponentes en el debate eran un par de musculocas que luchaban contra la naturaleza para ocultar sus auténticas edades. En un principio quise acercarme al amigo de La Madrina y advertirle: discutir con homosexuales superanabolizados de más de treinta y ocho años no es buena idea. Pero el tono de la conversación era tan alto que no pude moverme de mi sitio, al lado de los sándwiches de pavita importados de Barcelona.

—En Ibiza el sexo es libre —gritaba uno de los musculocas cuarentones.

—Vivís un puto engaño —repondía el amigo de La Madrina—. Todo el mundo cree que Ibiza es una Disneylandia de las drogas y el sexo; pero es más bien una cárcel donde te administran lo que necesitas para tenerte todavía más controlado. En el mundo occidental no existe un solo espacio de libertad. Todo es un montaje. Una ilusión óptica.

—Eso ya lo había dicho Mapplethorpe cuando vino a fotografiar a unas locas millonarias de Barcelona. No dices nada nuevo, criatura.

—Es que hemos perdido todo ideal de libertad asumiendo que reinvidicar lo gay es este tipo de mariconadas: fiestas como éstas con velas por todas partes y tíos mostrando tetas infladas —expuso vehemente el amigo de La Madrina.

—Voy a aspirar un poco más de *popper* —dijo el segundo musculoca cuarentón—. Y no pienso compartirlo contigo, criatura reivindicativa —subrayó.

Los dos cuarentones colocaron el frasquito en sus narices y aspiraron. Si no está familiarizado con esta droga, le diré que estuvo muy de moda en los primeros años del Studio 54 y que está formada por un gas que inyecta al corazón una energía supina y revienta el cerebro a velocidad de la luz. «No, cariño. Sólo has de escribir que es un vasodilatador y que la conjunción de ambas palabras siempre ha gustado mucho al gay masculino», me sugirió uno de los amigos de La Madrina.

Así, embarcados en el aroma del *popper,* los dos cuarentones le dijeron al chico que de tanto hablar de sexo con él les estaba poniendo cachondos.

—Pero tu principal problema, criatura, es que te falta un poquito de pecho... —dijo con risa malvada uno de los cuarentones.

—Y otro poquito de brazos y piernas —remató el otro.

—Yo no tomo anabolizantes, como vosotras, farsantes —respondió el amigo de La Madrina.

—Los músculos atraen otros músculos —insistió de nuevo uno de los cuarentones.

—Pero, en realidad, tías locas, el único músculo que de verdad os importa es éste.

Y, acto seguido, la criatura amigo de La Madrina desenvainó el pene más desmedido —¿qué digo desmedido?—, el pene más ciclópeo —¿qué digo ciclópeo?—, el pene más polifémico jamás visto: el músculo de la verdad alterada.

Asustado, La Madrina se me acerca.

—¡Lo peor de todo es que no está comprobado que la polla sea un músculo!

—Madrina, ha llegado el momento de irse de aquí, pero antes habría que encontrar a una loca que trabajase en el Guinness para que dé fe de este portento.

—No hace falta, ya sabes que en este país todo el mundo se precia de tener un buen pollón —dice la Madrina.

—Madrina, pero es que esto es lo *never seen before.*

—Pues que sepas que este chico es de Castellón. Así que debe ser por la rima... —concluyó La Madrina, con quien la vida es siempre más feliz.

Mientras dialogábamos, la criatura empezó a acariciar su portento hasta lograr una erección temible. El espíritu de Ibiza se apoderó del chico y de pronto ese cíclope adimensional y sobrehumano arrojó su líquido protéico. Un viento demoniaco apagó todas las velas haciendo de la casa ibicenca un escenario macondiano. Un silencioso grito colectivo recorrió las habitaciones. Y al día siguiente el móvil de La Madrina no cesaba de escupir miles de invitaciones a todo tipo de eventos. Y la criatura pasó a convertirse en objeto de miradas, susurros y cotilleos sin fin. La Madrina, siempre protectora, terminaba por dirigirse a los hombres y mujeres que susurraban al paso de su comitiva.

—Sé de lo que estáis hablando —afirmaba.

—No estamos hablando, estamos pensando —respondían.

En España somos cotillas precisamente por eso. Negamos el interés del chisme, pero nos entregamos a su disfrute. El eterno espectáculo en la vida de Mar Flores, por ejemplo, va camino de convertirse en un hito de la España finisecular. Una nueva María Magdalena sacrificada en el altar del materialismo para sobrevivir en el descarnado mundo de la fama. Una mujer capaz de generar dinero por medio de sus escándalos y de mover toda una maquinaria que da empleo a un amplio grupo de asalariados. Una mujer que va adaptando las luces y sombras de su propia verdad alterada para acrecentar su fama y sostener, así, su personaje, en un panorama que se precia de ser cambiante.

Esto no lo encuentro censurable, sino todo lo contrario. Como la mayoría de las cosas en las turbias aunque nítidas aguas de la verdad alterada, no es más que un reflejo de nuestros sueños y nuestras pesadillas. Mar Flores y sus escándalos juegan con nuestra doble moral: una mujer bella que convierte sus amores en auténticas neurosis nacionales. En un momento dado es una modelo que se casa con un conde italiano vinculado a una cadena de televisión. Luego, ese conde bellísimo y con coche estupendo se convierte en un narcisista torturador que la amenaza y que arremete contra ella físicamente. Y pese a ello, o quizás gracias a ello, la tensión sexual entre ambos garantiza una pasión erótica propia de colegiala caliente. Luego, otro conde la traiciona al mismo tiempo que la impulsa en su escalada hacia la fama, en otro juego de amores peligrosos que deviene en pesadilla de fotos vergonzantes, vendidas a terceros desalmados; fotos que aparecen publicadas en revistas de alto contenido sensacionalista y que revientan todavía más los limites de notoriedad a la que aspiran los protagonistas de este interminable culebrón. Y en medio de todo esto, un empresario capaz de comprar mujeres bellas, a lo Aristóteles Onnassis, sólo que ninguna de sus «adquisiciones» se acerca ni de lejos a Jackie Kennedy o Maria Callas. La modelo turbulenta, madame Bovary de la doble moral, promete amor al empresario al tiempo que mantiene encendida la pasión del conde Lecquio, joven, viril y, como ella misma, amante del riesgo. Porque si Mar Flores asume este rocambolesco entramado, sabe que tendrá asegurado el verdadero amor de la verdad alterada: la Fama.

Así, mientras el empresario Fernández Tapias oculta a su esposa —madre de religión católica— los amores con la modelo, ésta, la modelo, se compincha con fotógrafos conocidos de su novio aristócrata. Y la intención no es otra que obtener imágenes donde aparezca el empresario. ¿Y qué hay detrás de todo esto? Evidentemente hacer estallar la relación para que Mar Flores aproveche el escándalo, genere la noticia e incentive un morbo que funciona como látigo castigador y querellante de más emociones fuertes y de más castigo. Siempre más, más, más...

Todo este entramado se nutre de los mismos ingredientes y personajes desde hace un lustro; un lustro que ha visto cómo el escándalo se transforma en un nuevo producto de consumo. Mónica Lewinsky y compañía, por ejemplo. Y así, cuanto más occidental, privatizada, capitalista y de economía liberal sea una nación, más moralistas son sus escándalos y más dependientes de ellos se vuelven sus ciudadanos. España —un territorio marcado por la Guerra Civil, por el hambre y por cuarenta años de totalitarismo— al transformarse en un país moderno, democrático y *fashion* necesita también escándalos-adicción. Pero no hay que perder de vista un hecho: empieza a surgir una generación que ha crecido siendo ya espectadora de escándalos. Mar Flores pertenece a esa generación; una generación que ha leído el *¡Hola!* con criterio de Biblia contemporánea; que poco a poco ha ido venerando la idea actual de que la fama es capaz de cambiar la vida, de alejar la mediocridad y, sobre todo, de alterar la verdad.

Yo soy como Mar Flores. Decidí ser famoso y me marqué un tiempo para conseguirlo: antes de los treinta años. Si me impuse ese límite cronológico fue porque la celebridad se apoya fundamentalmente en la belleza y en la juventud. En realidad lo logré a los treinta y dos: siempre debe contarse con un margen de imprevistos inevitables. Y no creo que sea tan importante el cómo sino el porqué. Considero que la fama es el nuevo poder de este milenio y posee sutiles leyes no escritas que permanecen secuestradas en la neblina de la verdad alterada.

La fama es una fuerza desmedida. Pero ¿debe ser administrada con prudencia o, por el contrario, debe ser vivida intensamente? Pienso que ni una cosa ni la otra. Más bien, un poco de ambas. En mi caso, he ido viendo cómo su efecto crecía progresivamente y cómo poco a poco todo mi entorno se transformaba. Me gusta, lo reconozco, porque creo que es uno de esos paradigmas de la nueva realidad española. Yo soy un inmigrante. Yo he venido a la madre patria en el máximo esplendor de su crecimiento económico y, por ende, en un buen momento para su protagonismo en el mundo. España es más que un país. Es una cultura que cruza el Atlántico, los Andes y desemboca en el Pacífico. Mi mayor anhelo siempre ha sido formar parte de ese crisol. Y la mejor manera de conseguirlo ha sido el elixir de la fama.

La televisión —mi medio habitual— fagocita de forma desmedida. Pero, a cambio, igualmente de forma desmedida, la televisión es vilipendiada. Y el reto me maravilló, como igualmente sedujo a Mar Flores tener un novio empresario y millonario y a la vez un amante aristócrata y joven. Conseguido el trampolín, quise ser sincero y aprovechar esa honestidad en beneficio de mi espectáculo. No es que reconociera mi homosexualidad públicamente, es que entendí que hacerlo en esta nación de moral católica sería importante y divinamente provocador. Y el resultado me sorprendió, porque recibí lo inesperado: cariño y adoración popular. En ese sentido, no se debe olvidar algo a lo que el español es muy sensible: el que dice la verdad es respetado y ese respeto se convierte en afecto. Y todo el mundo —gay, *straight,* católico o budista— tiene necesidad de afecto. De darlo y de tomarlo.

Pero la guinda para la modernidad de España fue la propia verdad alterada. Mi aparición como figura televisiva confirmaba, de alguna manera, esa revolución cultural del antiguo país franquista. Si se me permite, por un lado, mi actitud tranquilizaba las aspiraciones de la Transición y, por otro, llevaba a buen puerto las peripecias morales y filosóficas de los ochenta almodovarianos. Todo esto, además, con un gran truco: no soy español y, además, me he nutrido de fuentes plurales. En primer lugar, el *¡Hola!,* con su carga de conservadurismo monárquico y de doble moral. Y en segundo lugar, Almodóvar, con su humor surreal, con su ironía cruel sobre un país cruel y, sobre todo, con el firme deseo de retratar el inmenso abanico de emociones que es España.

En mi encuentro con la fama he vivido tres hitos. El primero, Mar Flores y sus escándalos, porque ella es una de las figuras de la farándula nacional que más ha utilizado su vida personal como caja registradora. Preysler no, porque nunca hizo declaraciones al respecto de sus matrimonios y divorcios. Fue otra manera de asumir el escándalo y la adicción que genera la doble moral. Y Lolita o todo el clan Flores juegan también de un modo diferente. Los hijos vendían exclusivas para, de alguna manera, integrarse o encontrar un significado a la vida fuera de la enorme sombra materna. Con Mar Flores, sin embargo, llegó la capacidad de industrializar el asombro y de volver todavía más materialistas los engranajes de la fama y la notoriedad. No es que todos sus pasos fueran motivados por dinero; es que eran dinero andante. Y al mismo tiempo, ese valor económico incentivaba algo más abstracto pero, a la vez más letal: la fama. A medida que ésta crece, también lo hacen los ingresos, pero para sostener esa fama has de construirte obligatoriamente un personaje. No es una cuestión que España te exija, sencillamente lo requieren las leyes nunca escritas del show *bussiness.* Tu personaje es tu mejor truco. Y ese truco debes alimentarlo como a un animal salvaje. Mar Flores, esa moderna mujer sin alma, puede llegar a ser Bridget Jones, el espíritu sin descanso de Lady Di, una Mette-Marit de cinturón industrial o un Dorian Gray del Partido Popular. Sólo tiene una historia y un personaje: mujer castigada por su condición de mujer, por su belleza y por lo que genera en los hombres. Ella interpreta ese rol y lo vuelve industria.

Yo la adoré cuando descubrí ese valor. Y me niego a censurarla. Es cierto que cuando la analizo me valgo de una risa brutal e incluso la pongo en ridículo. Ejemplo: cuando comenté que ella no sabía hacer bien una maleta y que no se puede viajar por el mundo del *glamour* con bolsas del Corte Inglés. Ahora reconozco que me equivoqué, porque esas bolsas son como pasaportes no oficiales de España. Tienen múltiples empleos, aparte de servir para cargar la mercancía adquirida en los establecimientos. Se utilizan para reciclar basura, cartones o botellas. O, como en el caso de Mar Flores, para guardar dinero en efectivo producto de un trabajo realizado.

Esta capacidad de análisis transformó mi trabajo y me permitió crear mi propio personaje: el Boris gritón, un tanto vengativo y dispuesto a afirmar públicamente lo que todos pensamos, pero no sabemos cómo decir. A medida que ese Boris iba surgiendo desde la libertad que el escenario me ofrecía (una libertad inencontrable en ninguna otra parte), también iba creciendo en mí el miedo de volverme dos personas. Y ese miedo se hizo fuerte en mi interior y luchó por confundirme. Llegué a creer que existían dos Boris. Pero entonces caí en la cuenta: *sólo* existe el Boris creado por la verdad alterada, es decir, el que grita, el que se apasiona, el que comunica. Y existe porque es el que más provoca. El que incluso llega a molestar. En ese sentido, recuerdo siempre las palabras de José Ignacio Cabrujas en Caracas: un escritor tiene que arrancar las llagas de la sociedad en la que vive. Es probable que yo las arranque con guantes, pero entiendo lo que Cabrujas quiso decir. Nunca debemos resultar cómodos. Nunca debemos creernos el alcance de nuestro propio éxito. No podemos permitirle a la verdad alterada que pierda esa magia, chocante y fascinante, de confundir los territorios de la realidad y la ficción.

En *Crónicas marcianas* he encontrado el territorio donde explorar esas fronteras. Cada año se establece un cambio en su propio código de valores y eso seguramente lo convierte en un programa fascinante. A veces esos cambios devoran a algunos de sus personajes —a mí, por ejemplo—, porque *Crónicas,* como la misma televisión, sigue siendo abiertamente fagocitador. Y por eso creo que es el programa más interesante en España: permite al espectador comprender el medio televisivo, sentirse parte de él e incluso pertenecerle, aunque dicho espectador esté continuamente perdiendo el alma.

Crónicas genera una adicción que a los ojos de la moral no puede ser sana, pero que en el terreno de la verdad alterada es una fuente de información. Una información diseñada para aceptar, situar y comprender una contemporaneidad que carece de lógica y lucha permanentemente contra sí misma. «Es un circo», afirman sus detractores. Y no se equivocan: el circo es el espectáculo más cercano a lo que ahora denominamos realidad. «Es un esperpento», continúan gritando otros. Y tampoco se equivocan: el esperpento ha sido el gran legado cultural de España al siglo XX. Y no cabe duda de ello. Podemos perfectamente trazar una línea de unión entre Valle-Inclán, Dalí y Almodóvar. Y entre ellos, a su vez, ubicar a Raphael y Rocío Jurado y, desde luego, a los marcianos de Sardá. Todos han formado parte del mismo espectáculo, de la misma fuerza irreverente e inaudita del humor español.

Crónicas es un buque invencible porque ha ofrecido refugio a la actitud marginal. Empezando por nosotros mismos: los que allí trabajamos e inventamos nuestras verdades alteradas. En mi caso concreto, antes de formar parte de ese equipo yo no iba más allá de ser un guionista sin patria, un homosexual sin púlpito, un observador sin pantalla por donde arrojar conclusiones.

Entonces sobrevino mi segundo hito con la fama: *Gran hermano* o la coronación del poder de la fama democratizada. Doce personas, en una casa especialmente acondicionada, se sometían a un concurso televisivo que consiste en grabar todas sus acciones veinticuatro horas al día durante tres meses. Un referéndum colectivo decidía la suerte de los participantes. Yo lo viví como una telenovela sobre el deseo de ser famoso. Y así fue. Ellos eran jóvenes y cada uno interpretaba su propio guión de vida: madres sufridas que ocultaban pasados de prostitución, hijos huérfanos de padre, modelos narcisistas... No importaban sus biografías ni sus personalidades. Lo único que interesaba era la lucha despiadada por ese poder desconocido, por el verdadero rey de la verdad alterada: la fama.

Pero, ¿qué es la fama? Y sobre todo, ¿en qué ha cambiado? Tratar el tema supone aceptar lo profundamente conservadores que seguimos siendo en España. Hasta los años cuarenta la gente era famosa por su trabajo o por su talento. Sin embargo, desde el final de la Segunda Guerra Mundial la fama se hace interesante, atractiva, noticiosa y respetable por sí misma. Y ése es, de alguna manera, el hilo conductor de *Valle de muñecas*, la extraordinaria novela de Jacqueline Susann. La acción arranca precisamente en septiembre de 1945, es decir, en el primer otoño del nuevo milenio, después de un verano durante el que Estados Unidos, como auténtico vencedor del conflicto mundial, siembra la verdad alterada. Jacqueline Susann nos presenta a tres mujeres que sobreviven en la selva de Manhattan. Una, Anne, es la perfecta secretaria que degenerara en mujer independiente con carrera y que ejerce funciones de publicista en una agencia. Otra, Neely, destaca por su talento innato para la canción y la actuación, pero también para la autodestrucción a través del arsenal de pastillas que engulle como vía de escalada vertiginosa al éxito. La tercera, Jennifer, una Mar Flores *yankee*, sólo posee la belleza de un cuerpo que enloquece a los hombres y a las mujeres: de hecho, uno de sus verdaderos amores es una chica española de familia franquista. A pesar de sus claras diferencias, las tres tienen algo en común. El deseo de ser alguien famoso. El deseo de triunfar.

Con estos antecedentes, la fama aparece disfrazada de éxito. De hecho, ellas quieren atraparla aunque deban sufrir sus consecuencias; consecuencias que, por otra parte, no son sino legado de la Segunda Guerra Mundial: que había que sobrevivir, que la vida era una guerra y que ocupar un puesto de primera suponía sacrificar la moral, el alma y la verdad. Todos estos elementos debían sustituirse por un cóctel que reuniera en sí mismo valores antiguos y valores nuevos. Así era entonces la fama. Y así lo sigue siendo ahora. Marilyn Monroe basó su filmografía en el físico, pero logró que su talento sobresaliera y perdurara. Sin embargo, en el intento hizo de su vida personal uno de sus mejores espectáculos. Similar resulta el caso de Elizabeth Taylor, con más *caché,* pues lleva toda una vida metida en la industria. Con sus películas alimentaba fama, escándalos y voracidad de vida. El caso de Lana Turner es más de lo mismo, sólo que la diva no siempre obtuvo el reconocimiento deseado: además de puta divina en el Hollywood de la doble moral, también fue una gran actriz, no siempre festejada. La lista crecería hasta nuestros días para demostrar que el talento y la fama se entremezclan y generan tormentas vitales. María Callas, al enamorarse de Aristóteles Onassis, aparcó su inmensidad musical para entregarse al goce de una vida alterada por la tiranía de la fama. Grace Kelly dejó Hollywood y se fue a vivir una industria de cotilleo perpetuada hasta hoy en la imagen de su nieta Paulina suspendida en el aire durante un número circense.

La fama es el auténtico *Valle de las muñecas*. Allí descubrí como nuevos faraones y prematuras ruinas de su propia contemporaneidad a *Gran hermano* y a Tamara, el tercer hito de mi verdad catódica.

Tamara era una chica que soñaba con conseguir la fama. Escogió una puerta de entrada burda, excesivamente democrática y cargada con ese barroquismo de andar por casa que fascina a los españoles y que conocemos como «cutre». Deseaba cantar y triunfar. Conoció a un adivinador que empleaba hortalizas para descubrir el futuro: siempre ese detalle rural que a Europa fascina, de Grecia a Irlanda, pasando por Finlandia. El adivinador, aparentemente, la preñó y ella denunció su embarazo con un papel de farmacia ininteligible. Su peinado y su pose delataban la necesidad de formar parte del *Valle de muñecas* sin otra razón que la de pertenecer al entorno gaseoso de las verdades alteradas. En un gesto valiente, liberador y desmitificador se unió a dos seres más imposibles que ella y acudió a la inauguración de una frutería. Es decir, en un país recién despertado al *glamour* de los estrenos y de las grandes fiestas, este trío proletario, rural y novedoso buscaba el éxito, pero justamente en el extremo opuesto. Y su mensaje no podía ser más claro: «Ya estamos hartos de *glamour*, queremos fruta». Sin embargo, en realidad no estaban hartos, lo deseaban con todas sus fuerzas.

Y lo intentaron. Me sirvo del fenómeno Tamara para explicar a mis sobrinas lo que fue el neoliberalismo español de principios de este siglo. A la chica proletaria de embarazos absurdos, peinados ídem y voz ilógica se le abrieron las puertas de esa notoriedad que hasta entonces sólo Mar Flores sabía manejar. En el 2000 te levantabas con Tamara y te ibas a dormir con ella. ¿Y por qué? Porque Tamara era el reflejo de nuestro cansancio ante la riqueza acumulada en los últimos años noventa. Ricos y satisfechos, necesitábamos reír. Es quizás vergonzante que lo hiciéramos con una representante del proletariado, pero ella misma vio cumplido su sueño de notoriedad. A un precio terrible, sin embargo, porque así como fue catapultada se originó un esfuerzo similar para empujarla al vacío.

Yo formé parte del primer esfuerzo. Me emocionaba que esta chica estremeciera a España por defender una canción. En este país de nacionalismos y de profundas diferencias geográficas y políticas, que una mujer luchara por una canción que decía «No cambié, no cambié sigo siendo la misma» me resultaba tan intrínsecamente español como mi propio éxito. Porque España se precia de no haber cambiado, al tiempo que acepta importantes modificaciones. Tamara representó para mí el hito de esa contradicción. Por eso la apoyé y disfruté creando un monstruo que, además, asestaba un golpe a la industria discográfica; una industria capaz de vender productos infames, pero que se armó hasta los dientes para impedir el triunfo de esta chica. ¿Por qué? Sencillamente porque esa industria no la había escogido y porque Tamara contenía demasiadas mezclas. Poseía ese punto marujo cercano al escándalo y fue apoyada por la *inteligentsia* gay en un país machista y por el afecto de unos marcianos siempre ávidos de diversión. Y eso quizás resultó mortal para Tamara, ya que significó su plataforma de lanzamiento, pero también su cadalso. Descubrir que ella no poseía las armas para sobrevivirse a sí misma me produjo mucho dolor. Aunque más dolor me causó comprobar que algunos poderes son realmente invencibles. Reitero, pues, que mi apuesta por el tamarismo fue, una vez más, reflejo de la verdad alterada: si tanto nos fascina el relato de *La Cenicienta,* nuestra Tamara-sirvienta devino en princesa. Pero, claro, como suele suceder cuando los cuentos de hadas se confunden en la niebla de la verdad alterada, el final no fue feliz.

Como cierre, he de decir que en mi verdad se encierran tres fechas definitivas para una rigurosa crónica social. La primera, 31 de agosto de 1997: madrugada en la que Lady Di perdió la vida contra una columna del Pont de L´Âme en la última noche del verano parisino. Creo que a partir de ese acontecimiento mi estrella comenzó a brillar y mi generación empezó a tener sus propios mitos y no otros como Vietnam, la muerte de Kennedy o la propia caída del muro de Berlín; de hecho, la caída del muro, aunque ocurrida en el año 1989, venía a finiquitar un conflicto del que somos más bien hijos que padres. La muerte de Lady Di posee algo que nos pertenece y que se vincula a los rigores de la verdad alterada: fin de una vida desaprovechada con un cadáver joven, en todo su esplendor; fin de una farsa en la que sólo creyó ella; y fin de una cultura del lujo, del exceso y del pop más artificial. Y, sin duda, el principio de una edad más madura, más serena, pero siempre proclive a mostrar sus manos manchadas de sangre ajena.

Tras la muerte de Diana de Gales sobrevino la de John John Kennedy, el príncipe de la democracia más poderosa del mundo. Esta tragedia venía a demostrar que los Kennedy van por la vida sin ángel de la guarda y que una vida plagada de manjares siempre se reserva un amargo sabor para el final. Viajábamos a Nueva York mi novio y yo el día en que se confirmaron las desapariciones de Kennedy, su mujer y su cuñada. Ya en la ciudad nos enteramos de que los cuerpos habían sido hallados en el fondo del Atlántico perfectamente conservados por las bajas temperaturas del agua. América lloraba estremecida y el edificio de Tribeca donde vivía la pareja amanecía cada día con más y más flores depositadas por neoyorkinos sin príncipe. Al igual que los ingleses hicieron con Diana, el ramo de flores se transformó en un símbolo del dolor ante el destino que nos arrebata personajes-símbolo y crea vacíos en las mentes mitómanas creadas por la televisión y el cine. Diana y John John pertenecen a nuestro altar de caídos del universo de la verdad alterada.

Mi otra fecha clave es el 11 de septiembre de 2001: el día en que al derrumbarse las Torres Gemelas de Nueva York por un ataque terrorista, surgían las primeras ruinas del siglo veintiuno: un amasijo de hierros y escombros que el mismo futuro convertía en pasado. Ha sido terrible asistir a una destrucción como ésta en una tarde de un fin de verano, pero no puedo evitar obsesionarme con la belleza terrible, mortífera y espantosa, pero belleza al fin, que encierra esta catástrofe. Fue un hachazo a la estética de Occidente ejecutado con la precisión del cirujano. Un corte que horroriza, pero que también maravilla por su perfección. Allí, tristemente, reside su innegable belleza y su punto alterado.

Nada volverá a ser igual desde que las torres fueron derrumbadas. Ni siquiera la estúpida frase: torres más altas han caído. Ni siquiera la belleza de Manhattan. Pero, una vez más, el prisma de la verdad alterada ofrece una diáspora de esperanza: ahora que han desaparecido, las torres gemelas se hallan más presentes que nunca. Si observamos detenidamente una fotografía de la ciudad sin ellas, terminaremos por volver a verlas igual de altas e igual de majestuosas en su desafiante invisibilidad. Son, como *Los otros*, esos fantasmas que conviven con nosotros y que se pasean en sus murmuraciones a la luz del día. Y si seguimos observándolas bajo esta mirada alterada, comprobaremos que las Torres, aún en vida, aún erectas sobre la ciudad de las ciudades, siempre fueron dos fantasmas gigantes: peligrosamente pálidas, frías como el acero que las recubría, metálicas como las pesadas cadenas que sujetan los pies de los espíritus. Sí, más que unas torres colosales fueron ángeles guardianes de la verdad alterada, ese espacio que flota a sus anchas entre la vida y la muerte.

Agradecimientos

A Antonio Jesús Luna, por su paciencia, sus arengas y por las canciones que nos acompañaron en este parto, y en los otros dos.